La tempestad

The Tempest

MUSEO SALVAJE

Colección de poesía

———————————

Poetry Collection

WILD MUSEUM

Francisco de Asís Fernández

LA TEMPESTAD

THE TEMPEST

Traducido por / Translated by
Stacey Alba Skar-Hawkins

Nueva York Poetry Press®

Nueva York Poetry Press LLC
128 Madison Avenue, Oficina 2RN
New York, NY 10016, USA
Teléfono: +1(929)354-7778
nuevayork.poetrypress@gmail.com
www.nuevayorkpoetrypress.com

La tempestad
The Tempest
© 2021 **Francisco de Asís Fernández**

© Traductora / Translator:
Stacey Alba Skar-Hawkins

ISBN-13: 978-1-950474-76-9

© Colección Museo Salvaje vol. 33
(Homenaje a Olga Orozco)

© Dirección:
Marisa Russo

© Edición:
Francisco Trejo

© Diseño de interiores:
Moctezuma Rodríguez

© Diseño de portada:
William Velásquez Vásquez

© Fotografías:
Adobe Stock License 96591800 (Portada)
Adobe Stock License 98013194 (pp.44)

De Asís Fernández, Francisco
La tempestad / The Tempest -- New York: Nueva York Poetry Press, 2021. 244pp.
5.25 x 8 inches.

1. Poesía nicaragüense. 2. Poesía latinoamericana.

Por la vida, la libertad,
la democracia, la justicia
y la paz del mundo.

For life, freedom,
democracy, justice,
and world peace.

LA SABIDURÍA POÉTICA
DE FRANCISCO DE ASÍS FERNÁNDEZ

Francisco de Asís Fernández Arellano nació poeta. Su padre, el célebre bardo Enrique Fernández Morales, le infundió su arte al bautizarlo con el nombre de *El varón que tiene corazón de lis / alma de querube, lengua celestial / el mínimo y dulce Francisco de Asís,* en memoria del icono de la espiritualidad cristiana mencionado en el poema "Los motivos del lobo", de Rubén Darío. Desde entonces, el autor de *Quiero morir en la belleza de un lirio* (2020) vive en y para la poesía, de su imaginación luminosa brotan versos con la fluidez de un arroyo cristalino y la naturalidad del trino de un ruiseñor.

La tempestad, el poemario más reciente de Fernández Arellano, es poesía encarnada y descarnada, intensidad introspectiva hecha verbo en la que el poeta nicaragüense se muestra a sí mismo sin ambages ni rebuscamientos en un fascinante ejercicio de desnudez lírica. El resultado es a un tiempo prodigioso y, por momentos, desgarrador.

> *Pero yo escondo mis debilidades,*
> *no me gusta que las amistades sepan*
> *que un inválido como yo*
> *encontró la felicidad en la poesía,*
> *en la soledad, en la música y en la fidelidad*
> *a un amor que ya no me quiere.*

FRANCISCO DE ASÍS FERNÁNDEZ'
POETIC WISDOM

Francisco de Asís Fernández Arellano was born a poet. His father, Enrique Fernández Morales, was a celebrated bard who filled his son with artistic inspiration, baptizing him after the Christian icon mentioned by Rubén Darío in his poem "The Motives of the Wolf" ["Los motivos del lobo"]: "The man who has a pure heart / poet's soul, celestial tongue / humble and gentle brother Francis of Assisi." Ever since that time, the author of *I Want to Die in the Beauty of a Lily* [*Quiero morir en la belleza de un lirio*] (2020) has lived and breathed poetry. Verses flow from his brilliant imagination like a clear stream and with the naturalness of a lark's song.

The Tempest [*La tempestad*] is Fernández Arellano's most recent book of poems. It is poetry of the flesh and gritty, articulating an introspective intensity. Here the Nicaraguan poet presents a fascinating lyric nakedness, eschewing convoluted circumlocutions. The result is both prodigious and, at times, heart-rending:

> *Yet I disguise my weakness,*
> *not wanting my friends to know*
> *that a disabled man as I*
> *found happiness in poetry,*
> *in solitude, in music and in fidelity*
> *to a passion that no longer loves me.*

Baudelaire apenas podía concebir una belleza en la que no hubiera melancolía. La bilis negra no es una tristeza cualquiera, ha sido detonador de creatividad en espíritus superiores a lo largo de la historia desde los trágicos griegos hasta la poesía de Nerval o el nihilismo de Nietszche y Cioran. En la poesía de Francisco de Asís la fusión de belleza y melancolía está iluminada por la esperanza que emana de una sabiduría poética alimentada por el erotismo, el amor a la vida y a la belleza. Como Rimbaud, Fernández Arellano sentó a la belleza en sus rodillas, pero no para injuriarla sino para poseerla con la misma pasión con la que amó a Leonor de Aquitania.

La tempestad expresa una estética del dolor sublimada por el poder de Eros, la energía vital dominante en la biografía, cosmología y obra de nuestro poeta. Placer y dolor, extremos antagónicos que definen la vida de hombres y mujeres están indisolublemente vinculados en este libro portentoso, pleno de humanidad poetizada frente al destino final de todos los seres-para-la-muerte que habitamos este planeta. Escribo en diciembre del fatídico año 2020. La desgracia humana, social y económica producida por la pandemia nos ha obligado a recordar la fragilidad de la caña pensante que somos, Pascal *dixit,* así como la misión salvadora de la poesía en tiempos aciagos. En ese contexto, celebro doblemente la aparición de *La tempestad,* así como la primacía del hedonismo poético en la obra de De Asís ante la disyuntiva entre Eros y Tánatos.

Pero yo gocé un exceso de vitalidad cuando descendí
por el Maelstrom borracho de amores

Baudelaire hardly could have conceived of beauty without melancholy. Black bile is not just standard sadness. It has ignited creativity in individuals of great character throughout history from the tragic Greeks to Nerval's poetry, or Nietszche and Cioran's nihilism. In Fransisco de Asís' poetry, the merging of beauty and melancholy is illuminated by hope that springs from poetic wisdom nourished by eroticism, and a love of life and beauty. Like Rimbaud, Fernández Arellano set beauty on his knees, not with any ill intent, but to possess it with the same passion with which he loved Eleanor of Aquitaine.

The Tempest [La tempestad] conveys an aesthetic of pain sublimated by the power of Eros, the vital energy that dominates our poet's life, myth, and art. Pleasure and pain, antagonistic extremes that define the lives of men and women are inextricably linked in this powerful book, filled with poetic humanity in the face of death, the final destiny of all beings that inhabit this planet. I write this in December of this fateful year 2020. The human, social, and economic tragedy resulting from the pandemic has reminded us of our fragile nature as a thinking weed (Blas Pascal), and poetry's mission as salvation during times of catastrophe. In this context, I doubly celebrate the arrival of *The Tempest [La tempestad]*, the predominance of poetic hedonism in Francisco de Asís' work against the dissonance between Eros and Thanatos.

> *But I benefitted from energy in excess when I descended through the drunken Maelstrom of lovers*

que aparecieron en las líneas de mi mano.
A todas ellas las amé igual que a mi vida,
como un condenado a muerte.

Epicuro postuló el placer como el bien supremo de la vida, entendido como ausencia de dolor en el cuerpo y de turbación del alma, sin limitarlo a los deleites corporales ni confundirlo con los excesos de los disolutos. El filósofo del jardín recomienda discernir entre lo deseado, lo deseable y lo no deseable a fin de alcanzar la ataraxia o imperturbabilidad, vía idónea para conquistar la felicidad. Contrario a lo que suele pensarse, el epicureísmo relega el placer y la pasión sexual debido a su carácter efímero y a que puede provocar malestar e inquietud física y espiritual. Ello lo acerca a los estoicos. Acaso el vitalismo erótico de Francisco de Asís Fernández sea más afín a las ideas y costumbres de Carpócrates, supuesto fundador de una secta gnóstica en el siglo 2 D.C. que practicaba una suerte de misticismo sexual mediante el cual la copulación con una mujer joven y hermosa era la vía para acceder a la manifestación del espíritu de la

Divinidad, por lo cual proponía un culto al orgasmo como liberador de la "luz celeste". Conocedor del secreto de Tiresias, nuestro poeta no recurre a esos excesos ni a las perversiones descritas por el Marqués de Sade o por Edward Sellon en *El nuevo epicúreo* (1865). El erotismo poético de Fernández Arellano es pleno y dichoso, tal como lo expresa en el poema "Yo fui el amante de Leonor de Aquitania":

who were drawn on the lines on my hand.
I loved every one of them as if my life depended on it,
like a man on death row.

Epicurus proposed pleasure as life's greatest good, understood as the absence of physical pain or spiritual angst, and not to be confused with fleshly pleasures or excesses of immorality. The garden philosopher advocates discernment between what is desired, what is desirable, and what is undesirable in order to arrive at ataraxia, tranquility, the ideal path to conquer happiness. Contrary to popular thought, epicureanism downplays the importance of pleasure and sexual passion due to their ephemeral nature and because they may cause unease along with spiritual and physical discomfort. This tends toward stoicism. Perhaps Francisco de Asís Fernández' erotic vitality relates more to the ideas and practices of Carpocrates, thought to be the founder of a gnostic sect from the 2nd century. This sect practiced a kind of sexual mysticism in which sexual relations with a young, beautiful woman were the path to

Divine spirituality, which led to the proposing of a cult to orgasm as liberating "celestial light." Knowing Tiresias' secret, our poet does not resort to these excesses or to the perversions described by the Marquis de Sade or Edward Sellon in The New Epicurean (1865). Fernández Arellano's poetic eroticism is full and joyous, as expressed in the poem "I Was Eleanor of Aquitaine's Lover" ["Yo fui el amante de Leonor de Aquitania"]:

Ella hacía el amor como una loca
Debajo de las estrellas
sin perder su majestad.
Ella me enseñó lo que es el amor, la poesía,
me hizo un trovador que ama el viento invisible,
la verdad de la locura.

En el tantrismo, la mujer desnuda encarna el misterio insondable de la Naturaleza y es capaz de producir una *hierofanía*, una revelación de lo sagrado. Ante la desnudez ritual de la yoguini (una joven instruida por el gurú para consagrar su cuerpo), el yogui experimenta una emoción mística al hacerle el amor, lo que conduce a la manifestación del misterio cósmico (Mircea Eliade, *Erotismo místico en la India*). Inspirado en ello y en los relieves de los templos hidúes de Khajuraho, Octavio Paz escribió el poema "Maithuna", vocablo que denota la celebración de la referida ceremonia sexual. Por una ruta propia, ajena a esas creencias y más cercana al *Poema del otoño* de Rubén Darío, Francisco de Asís Fernández recurre a la osadía poética de invitar a la muerte a un ritual amoroso, gritándole:

¡Ven, muerte, amada mía!
Ven, muerte, amada temida,
Llévame de este mundo miserable,
quítame los años que pesan como la roca eterna de Sísifo,
devuélveme la flor de las nieves,
quita mi corazón de mi puño cerrado.

She, Queen of France and England,
made love with abandon
under the stars
without ever losing her majesty.
She taught me love, poetry,
For her I am a troubadour in love with invisible air,
truth in madness.

In tantrism, naked woman embodies Nature's boundless mystery, capable of producing *hierophany*, a sacred revelation. In the ritual nudity of a young yogini (a female master practitioner of yoga), the yogi making love to her experiences an emotional mysticism, which leads to an experience of cosmic mysticism (Mircea Eliade). Inspired by this idea and art in the Khajuraho's Hindu temples, Octavio Paz wrote the poem "Maithuna" to celebrate the referenced sexual ceremony. From another origin, diverging from these beliefs and more closely related to Rubén Darío's *The Autumn Poem and Other Poems* [*Poema del otoño*], Francisco de Asís Fernández makes the audacious poetic invitation to summon death to a love ritual:

Come death, dreaded love,
take me from this wretched world,
lift off the years heavy as Sisyphus's eternal rock,
give me back my edelweiss,
remove my heart from my fist.

Mientras en el mencionado poema de Darío se mezcla la meditación ante la muerte con un erotismo panteísta -como lo ha señalado Paz en su ensayo sobre el fundador del modernismo-, Fernández Arellano entabla un diálogo frontal con la muerte, mitad confesión, mitad seducción: *Yo toqué la lujuria de Eva... / Salí del paraíso sin remordimientos / para vivir dentro de las murallas de la imperfección... / dame una muestra de tu amor / ya no tengo necesidad de la vida.*

> *Acomódame en un tren*
> *que pase por todos mis arrepentimientos,*
> *la lujuria, el demonio, el mundo y la carne,*
> *por la santidad de la poesía*
> *y la mística del amor.*

En el erotismo poético de Darío y Fernández Arellano es clara la presencia de las creencias cristianas sobre el castigo eterno a los pecadores, pero no con un espíritu de sumisión al dogmatismo religioso sino más cercana a la visión de William Blake contenida en su célebre obra *El matrimonio del cielo y el infierno* (1793). Frente a la división maniquea entre el bien y el mal, Blake postula una visión unificada del universo en la que el mundo material, los deseos y placeres físicos, la razón y las pasiones humanas forman parte del orden divino; no hay división entre cuerpo y alma. Toda forma de vida corporal y espiritual está contenida en la circunferencia del Todo, al que llama Energía. Y la Energía es el Deleite Eterno. Menciono cuatro joyas de "Proverbios del infierno": La eternidad está enamorada de las creaciones del tiempo. La ruta del exceso conduce al palacio de la sabiduría. La deznudez de la mujer es creación de Dios. La Exhuberancia es Belleza.

While Darío's poem merges a meditation on death with pantheistic eroticism -as Paz wrote in his essay on the founder of modernism- Fernández Arellano speaks directly to death, half confession, half seduction: *I touched Eve's lust… / I left paradise without regrets / to live within the confines of imperfection… / let me glimpse your affection, / I no longer need to live.*

> *Put me on a train*
> *to pass by all my regrets,*
> *lust, evil, the world and flesh,*
> *sacred poetry,*
> *mystic love.*

In Darío's and in Fernández Arellano's poetic eroticism, there is a clear presence of Christian beliefs regarding eternal punishment for sinners. Rather than echoing dogmatic religion, this is more reminiscent of William Blake's perspective in his celebrated work *The Marriage of Heaven and Hell* (1793). Reflecting on the maniquean division between good and evil, Blake proposes a holistic vision of the universe in which the material world, desire and physical pleasure, reason, and human passion are all part of the divine order. With this, there is no division between body and soul. All physical and spiritual life is contained within Energy. And Energy is Eternal Delight. I offer four gems from "Proverbs of Hell": Eternity is in love with the productions of time. The road of excess leads to the palace of wisdom. The nakedness of woman is the work of God. Exuberance is beauty.

Baste citar una estrofa de *Poema del otoño* para mostrar la influencia de Blake en la poesía de Darío: *¡Si lo terreno acaba, en suma, / cielo e infierno, / y nuestras vidas son la espuma / de un mar eterno!* En el poema "Vi su corazón de nácar sonando en una caracola", Francisco de Asís Fernández rebate con elegante firmeza el mito del paraíso relatado en el Génesis.

> *Tenemos que nacer sin pecado original*
> *vivir con candor más allá del bien y del mal.*
> *Hay que poner la realidad en el pico de las aves*
> *migratorias*
> *para que la suelten en los vientos.*
> *Tenemos que amar la abundancia infinita del universo*
> *y amar a Dios sobre todas las cosas.*

Dios es una presencia constante en la poesía de Fernández Arellano, pero no una deidad que mutila y reprime mediante dogmas, intimidaciones y falsas dicotomías sino un Dios de la vitalidad y la alegría -*laetitia*- concebido por el filósofo holandés Baruch Spinoza, a quien Francisco de Asís Fernández le dedica un poema, convencido de que *Dios no pudo habernos creado para castigarnos.*

> *A Baruch Spinoza le gustaba la poesía, la imaginación*
> *y contenía sus emociones cuando encontraba a Dios*
> *en el infinito;*
> *pero no creyó en el Dios que todos creían.*
> *Spinoza no creía en un Dios despiadado,*
> *creía en un Dios misericordioso.*

A quote from "The Autumn Poem" demonstrates Blake's influence on Darío's poetry: "If the land ends, in short / Heaven and hell, / And our lives are the foam / Of an eternal sea!" Francisco de Asís Fernández' poem "I saw her mother-of-pearl heart blow into a conch shell," offers a clear yet elegant rebuff to Genesis' myth of paradise:

> *We must be born without original sin*
> *living in innocence beyond good and evil.*
> *We must place reality in the beaks of migratory birds*
> *for them to carry it off in the wind.*
> *We must love the infinite abundance of the universe*
> *and love God most of all.*

God is a constant presence in Fernández Arellano's poetry, but not as a violent deity who represses with dogma, intimidation, and false dichotomy, but as a God full of vitality and joy -*laetitia*- as defined by Dutch philosopher Baruch Spinoza. Francisco de Asís Fernández dedicates a poem to Spinoza, insisting that "God could not have created us to punish us."

> *Baruch Spinoza liked poetry, imagination*
> *holding back his feelings upon meeting God in infinity;*
> *but he did not believe in the God others believed in.*
> *Spinoza did not believe in a ruthless God,*
> *he believed in a merciful God.*

El canto a sí mismo de Francisco de Asís Fernández no centra al cosmos en su persona como Walt Whitman, ni eleva un cántico a la Divinidad por la creación de la naturaleza como Jorge Guillén; tampoco se autonombra el desdichado, como el poema de Nerval, abrumado por "el sol negro de la Melancolía". Desde su propia visión poética de la existencia, el autor de *La tempestad* se analiza a sí mismo con rigor inclemente -no exento de humor- al tiempo de maravillarse ante las bellezas de todo lo vivo, explorar los misterios del cosmos y reclamar a Dios y al hombre por las aberraciones del mundo. Su deidad y verdad suprema es la belleza. En eso consiste la sabiduría poética de Francisco de Asís Fernández Arellano. Ello le asegura a mi admirado amigo de medio siglo un lugar privilegiado en la historia de la poesía contemporánea de lengua española, así como en la Isla de los Bienaventurados platónica por toda la eternidad. *Sólo la belleza es eterna.*

HÉCTOR TAJONAR
Ensayista mexicano

Francisco de Asís' song to himself does not center the cosmos in his persona like Walt Whitman. It does not sing to the Divine for the creation of nature like Jorge Guillén. Nor does he call himself "Desdichado" as in the poem by Gerard de Nerval with his "black sun of Melancholy." Instead, he offers his own poetic vision of existence. The author of *The Tempest* provides a rigorous introspection – albeit not without humor— while simultaneously expressing wonder at the beauty of life, exploring mysteries of the cosmos, and lamenting the world's shortcomings to God and mankind. He worships beauty as the ultimate truth. This is the substance of Francisco de Asís Fernández' poetic wisdom. This assures my dear friend for half a century a privileged place in the history of contemporary Spanish language poetry, as well as in the platonic Isles of the Blessed for all eternity, *only beauty is eternal.*

HÉCTOR TAJONAR
Mexican Essayist

FRANCISCO DE ASÍS: EL DESEO ES TEMPESTAD

La tempestad es un poemario que se manifiesta como declaración de vida y muerte, acto de lucidez en el confinamiento de la corporeidad desarmada, más no desalmada. La consagración de Francisco de Asís Fernández a la poesía viene desde muy atrás y goza de una cauda de reconocimientos nacionales e internacionales. Su amor por las palabras es un canto a la vida y a la humanidad, una entrega incondicional a la lectura no sólo de la propia escritura, sino de la poesía revelada por los otros, por los poetas admirados, por la poesía. Francisco de Asís, además de forjar su andadura lírica, ha construido el andamiaje de unos de los festivales más espectaculares y significativos del planeta en su natal Granada, de la mano de su compañera de vida, también poeta, Gloria Gabuardi.

Ya desde el índice, el poeta nos ofrece no sólo el menú de su banquete lírico, nos muestra la esencia espiritual y la mundanidad con la que está forjada su poesía. Eros y Tanatos dialogan en esta obra que tiene notas de misticismo en el cuerpo de una imaginación voluptuosa y trasgresora. No pienso en San Juan de la Cruz o en Ernesto Cardenal, tampoco en una Santa Teresa o en Hildegarda de Bingen, sino en un poeta del corte del sacerdote mexicano Alfredo Placencia, en el que las contradicciones de la fe se vuelcan en deseo y en reclamo velado o transparente. El diálogo con la divinidad adquiere sentido amoroso en el reclamo, en la incredulidad por los males que agobian a la humanidad y por la humanidad. Aquí dos estrofas en los extremos del poema "Ciego Dios", para ilustrar:

FRANCISCO DE ASÍS: DESIRE AS TEMPEST

The Tempest is a book of poetry that makes a statement on both life and death. It is an act of clarity from within deconstructed corporeality, albeit not disheartened. Francisco de Asís Fernández is a long-established poet of distinction, having received numerous national and international awards. His love for words sings to life and humanity. It is an unconditional surrender not only to the reading of his own writing and poetry created by others, by revered poets, but to poetry itself. In addition to designing his own professional trajectory, Francisco de Asís built the framework for one of the world's most impressive and momentous literary festivals in his native Granada, Nicaragua, alongside the love of his life, Gloria Gabuardi, who is also a poet.

From the very beginning index, the author of *The Tempest* presents a menu for his lyrical banquet, while also revealing to readers the spiritual essence and earthiness that form the substance of his poetry. Eros and Thanatos dialogue in this book with hints of mysticism in a voluptuous and transgressive imagination. I am not thinking of Saint John of the Cross or Ernesto Cardenal, or of a Saint Teresa or Hildegard of Bingen, but of a poet in the tradition of the Mexican priest Alfredo Placencia, in which contradictions of faith are juxtaposed to desire and veiled or transparent objections. The dialogue with divinity takes on a sentimental tone in its objecting, in the bewilderment at the evils that overwhelm humanity, and that humanity has created. This poetic essence is best represented by Placencia's poem "Blind God":

Así te ves mejor, crucificado.
Bien quisieras herir, pero no puedes.
Quien acertó a ponerte en ese estado
no hizo cosa mejor. Que así te quedes.
(...)
¡Cuánto tiempo hace ya, Ciego adorado,
que me llamas, y corro y nunca llego! ...
Si es tan sólo el amor quien te ha cegado,
ciégame a mí también, quiero estar ciego.

Francisco de Asís habla como el santo que le da nombre, con las cosas, con las flores y los astros, con la naturaleza y con los ángeles, con lo fantasmas y los personajes que viven sólo en la memoria y en la imaginación. Elabora un mundo personal poblado de ángeles e ilusiones, de musas y beldades, de recuerdos reales o ficticios, pero al fin reales. El amor ciega e ilumina a la vez, como lo refiere Rilke, uno de sus referentes más significativos: "La belleza no es nada sino el principio de lo terrible, lo que somos apenas capaces de soportar, lo que sólo admiramos porque serenamente desdeña destrozarnos. Todo ángel es terrible."

Francisco de Asís ha hecho de la poesía el remedio, tabla de salvación y gozo, recurso de liberación y sobrevivencia. La poesía le permite desplazarse en el tiempo y el espacio, apropiarse de lo suyo y de lo ajeno, poseer y reinaugurar el presente, persuadir al lector de su capacidad amatoria, física y espiritual, de sus idilios con Simonetta Vespucci, con Leonor de Aquitania o con cientos de mujeres de ficción y carne.

Así te ves mejor, crucificado.
Bien quisieras herir, pero no puedes.
Quien acertó a ponerte en ese estado
no hizo cosa mejor. Que así te quedes.
(…)
¡Cuánto tiempo hace ya, Ciego adorado,
que me llamas, y corro y nunca llego! ...
Si es tan sólo el amor quien te ha cegado,
ciégame a mí también, quiero estar ciego.

Similarly, Francisco de Asís speaks as the saint he is named after, Saint Francis of Assisi, to things, flowers, stars, nature, angels, spirits, and people who live only in memory or imagination. He articulates a private world filled with angels and illusions, muses and beauties, memories either real or fictitious, but that in the end are real. Love is at once blinding and illuminating. This echoes Rilke, one of his most important references in the book: "For beauty is nothing but the beginning of terror which we are barely able to endure, and it amazes us so, because it serenely disdains to destroy us. Every angel is terrible."

Francisco de Asís has made poetry the solution, a lifeline, joy, the path to freedom and survival. Poetry allows him to move through time and space, to appropriate from others and himself, to possess and reintroduce the present, to persuade the reader of his physical, spiritual, erotic strength, his affairs with Simonetta Vespucci, Eleanor of Aquitaine, and hundreds of women, either real or invented.

Por ello, aunque su poesía brota en la enfermedad y la parálisis, el dolor y la angustia, el sufrimiento y la orfandad no es una escritura de la postración y el lamento, de la patología y la clínica, sino una poesía vital, jugosa, lúdica, lúbrica, y sin duda reflexiva y sensorial, mística.

Los ángeles de Asís Fernández vienen, sí, de Rilke, pero no se quedan en la esfera metafísica y en el resplandor de la tragedia ante la conciencia de la muerte, del asesinato original que nos condena como especie a ser los fratricidas; lo suyo son ángeles de asombro que no transmiten su mensaje. El poeta se anticipa para contarles y cantarles sobre el placer de vivir e imaginar, de sentir y fallar, de presenciar la belleza en la creación de la que somos parte. No son los ángeles temibles de la poeta Bilbaína Angela Figuera Aymerich, quien en su poema "Miedo" nos confronta con la imagen de la perfección y lo infalible: "Te alabo por tus ángeles, Señor, pero los temo. / Consérvalos contigo. Son tus pájaros, cantan / en tu oído el hosanna de la dicha perfecta. / Te rodean y giran decorando tu gloria. / Movilizan la brisa que perfuma tu trono. / Pero Tú solo puedes contemplarlos sin miedo. / Sólo Tú disciplinas sus magníficas huestes. // ... // Me dan miedo tus ángeles. Si yo encontrara alguno, / Si un día, al despertarme, / lo viera intacto y fúlgido a los pies de mi cama, / yo carne castigada, llorosa podredumbre, / pecado repetido hacia la muerte, / tendría que clavarme las uñas en los ojos."

In this way, although his poetry emerges from ill health and paralysis, from pain, sorrow, suffering and loss, it is not writing defined by grief, lamenting, pathology or depression. Instead, it is a vital, sensual, ludic, lustful poetry, which is unmistakably also reflective, sensorial, and mystic.

While Asís Fernández' angels are based in Rilke, they are not restricted to the metaphysical sphere, to tragedy's intensity in the face of death, or to Cain's sin that condemned mankind to fratricidal repetition. This poet presents them as angels of wonder, telling them and singing to them about life and imagination, feeling, failure, and witnessing the beauty of creation of which we are part. They are not the frightening angels in the poetry of Bilbaína Angela Figuera Aymerich, whose poem "Miedo" [Fear] presents us with the image of angels as perfection and infallibility: Te alabo por tus ángeles, Señor, pero los temo. / Consérvalos contigo. Son tus pájaros, cantan / en tu oído el hosanna de la dicha perfecta. / Te rodean y giran decorando tu gloria. /Movilizan la brisa que perfuma tu trono. / Pero Tú solo puedes contemplarlos sin miedo. / Sólo Tú disciplinas sus magníficas huestes. / Me dan miedo tus ángeles. Si yo encontrara alguno, / Si un día, al despertarme, / lo viera intacto y fúlgido a los pies de mi cama, / yo carne castigada, llorosa podredumbre, / pecado repetido hacia la muerte, / tendría que clavarme las uñas en los ojos.

Asís Fernández humaniza a las presencias angelicales porque él mismo ve su existencia como el tropiezo de un ángel, como la caída de quien fuera inmensamente feliz. Es, como él mismo lo dice, la expresión angelical de un trovador herido. La memoria y la invocación surten efecto y ganan terreno en las zonas de lo sagrado, del olvido. El poeta abreva en su propia y rica tradición nicaragüense, pero hace de la poesía un medicamento afectivo contra la desesperanza y la languidez, contra la devastación orgánica, pero no mental ni estética. Los ángeles son, entonces, portadores de la belleza, no del mensaje de extinción. A ellos les habla el hombre que recupera la admiración no sólo por la existencia del micro y el macrocosmos, sino por la conciencia de ese milagro existencial, de esa partícula de capacidad creativa y reflexiva en movimiento hacia su propia derrota. Y es, justo en esa noción y vivencia de la derrota, donde tiene lugar la rebelión del ángel caído, la revelación del condenado para ver su partida y preguntarse cómo será la vida sin su sístole y su diástole, cómo serán los huecos que dejan todas las ausencias.

El sensualismo y la fantasía del poeta dan lugar a atmósferas encantatorias. Las imágenes brotan con afanes anunciatorios, no pictóricos; no pretenden ilustrar sino desvelar. Irrumpen con su música humana, dolorida, para desvanecer, quizá sin proponérselo, los nudos de la desesperación y el llanto.

Asís Fernández humanizes angels because he envisions his own existence as that of a fallen angel, someone who was once profoundly happy. This is, as he himself states, the angelic expression of a wounded troubadour. Memory and invocation are intensified in the sacred, and in forgetting. While he pulls inspiration from his own writing and the rich Nicaraguan canon, he transforms poetry into a remedy for desperation, hopelessness, against physical, albeit not mental or aesthetic, devastation. His angels are thus guardians of beauty, not the message of extinction. Mankind speaks to them in recapturing admiration not only for the existence of a micro or macro cosmos, but the awareness of that existential miracle, that particle of creativity and reflexivity nearing its own end. And precisely in the realization of that end lies the rebellion of the fallen angel. This is the encounter of man with death, asking himself what life will be like without his systole and diastole, questioning the voids left by all forms of absence.

The poet's sensuality and fantasy give rise to wondrous imagination. Images appear as annunciations. Rather than visual illustrations, their purpose is to reveal. They are sorrowful, human music, fading in and out, perhaps unintentionally, in weeping and despair.

Podría, en esas circunstancias figurar como un personaje de Antoine de Saint-Exupéry, uno de los interlocutores de El Principito: el poeta, quien limitado a su silla de ruedas no cesa de escribir poemas inspirados en la libertad y la belleza, en el amor y la vida, en la Naturaleza y el tiempo, en la luz y la oscuridad, en el nacimiento y la muerte.

Este poeta experimenta un gozo extraño, un disfrute estético al descubrir las causas de su propio sufrimiento, de su autoconciencia, de la realidad que incluye al otro, ese mismo en el que se ha convertido y ha de ser al mismo tiempo. La fuerza del deseo empuja en contra del descenso, se eleva y tiembla de emoción el colibrí ante la rosa. Francisco de Asís habla, desde la enfermedad que lo inmoviliza, con la Naturaleza y con los iconos de la cultura, hurga en los trebejos de su memoria y de la historia, extrae motivos para decir, para darles vida y, al animarlos, tomar posesión de sus significados y sentidos.

Un juego verbal lanza pinceladas y explosiones expresionistas para enseguida desplegar un figurativismo casi romántico, cuasi naïve, huidobriano y dariano a la vez. El deseo en Asís Fernández no se manifiesta únicamente como amor cortés y en las golondrinas que salpican el universo con aletazos y con sueños para bajar al mundo convertidas en ángeles; el deseo es lujuria, demanda y carencia.

Reminiscent of a character by Antoine de Saint-Exupéry in *The Little Prince*, the poet, confined to his wheelchair, is incessantly writing poems inspired by freedom, beauty, love, life, Nature, time, light and darkness, birth and death.

This poet experiences a peculiar pleasure, an aesthetic joy, in exploring the root of his own suffering, his self-awareness, the reality that includes his other, that other he has become and at the same time must be. The power of desire struggles against collapse, as it rises and trembles with emotion, a hummingbird to a rose. Francisco de Asís speaks, from the illness that has left him paralyzed, with Nature and with cultural icons. He delves into his memory and history, pulling from them to speak, to breathe life into them, to give them meaning.

His wordplay painting expressionist brushstrokes and explosions suddenly turns to figurative art, bordering on romantic or naïve, simultaneously reminiscent of Vicente Huidobro and Rubén Darío. Desire in Asís Fernández' poetry does not appear simply as courtly love or swallows dotting the universe flapping their wings and dreaming of becoming angels; it is a desire rooted in lust, need, and want.

Su credo no renuncia a la terrenalidad, es confesión llana de su apetito por la forma y el aroma, por la tibia humedad del sexo, por la belleza femenina. Esa carnalidad grita y se queja, se apretuja en el alma, se vuelve llama y tempestad en sus versos. La imaginación diseña atmósferas y lechos para amantes ficticias y biográficas que se actualizan en la realidad virtual de Francisco. La picardía y el juego son los ingredientes básicos de esta vertiente estética en la poesía no sólo de *La tempestad*, sino de los muchos libros que preceden a este periodo de calamidad física. Pienso en *Luna mojada* (La Otra, México, 2015), cuyo prólogo título Juan Carlos Abril como: "De frágil condición". Allí, Abril apunta la fabulación como recurso onírico y carnal del poeta. Más allá de modelos culturales y museísticos, se encuentra la realidad anímica, la vida familiar, la mujer tangible. Cito un fragmento del poema "En el iris de tus ojos", dedicado a su compañera de vida, la también poeta y promotora de la poesía Gloria Gabuardi: "El verde lujurioso de la selva escondió las puertas del Paraíso para siempre, / pero el Paraíso no fue destruido. / ... / Todo lo viste con tu última mirada. Todo el Paraíso se quedó en tus ojos."

Las redes sociales ven su poesía nacer en la inmediatez del canto. No escribe, dicta a un aparato para que un amanuense vierta sus palabras al procesador de palabras y al papel. La poesía en Francisco de Asís nace como melodía del alma, emocional y vitalista, como canto de resistencia que salpica de colores y formas, de lucidez la permanencia biológica y cultural, las tareas incumplidas de la persona, de la humanidad.

Instead of rejecting carnal desire, his vision is a candid confession of his appetite for touch and smell, for warm, humid flesh, for beautiful women. That sexual lust cries out and is crushed in his soul, becoming fire and tempest in his verses. Imagination sketches atmospheres and beds for real and fictitious lovers who become real in Francisco's virtual reality. Playfulness and guile are essential ingredients in this aesthetic, not only in the poems in *The Tempest*, but in many books written prior to this period of physical crisis. One of these that comes to mind is *Luna mojada* [Misty Moon] (La Otra, México, 2015). In his prologue, "A Fragile Condition," Juan Carlos Abril proposes the poet's use of fantasy as a poetic tool, beyond cultural or academic models, to imagine dreams, flesh, emotion, family life, women. An example is the poem "In the Iris of Your Eyes," dedicated to Gloria Gabuardi, his life partner who is also a poet and great supporter of poetry: "Though the jungle's lush green covered the doors to Paradise forever, / Paradise was not destroyed. / ... / You saw it all with your final gaze. All of Paradise was etched on your eyes."

Social media views Francisco de Asís' poetry as rising from song. Instead of writing, he speaks into a device for his words to be transcribed into a word processor and onto paper. His poetry rises from the melody in his soul, emotional and dynamic, as a song of resistance, colors, forms, and lucidity, his own and humanity's physical and cultural permanence, in work yet to be done.

Francisco canta a la vida porque es una forma de ganarle tiempo a la muerte. Quizás el poema que mejor expresa esa necesidad cotidiana de comunicación y memoria, de amor y sobrevivencia es: "un amor que me crece en un leopardo / con las uñas sucias de la sangre de los sueños. / Son sueños huérfanos / que viajan sin cartas de navegación / cubiertos de cobre, con las alas arrancadas, / con disparos en el pecho." ("Un amor que me crece en un leopardo").

Aunque las referencias bíblicas son abundantes en esta poesía, que se busca a sí misma en las grandes interrogantes de la existencia, se declara partidaria, como Borges, del Dios de Baruch Spinoza, para encontrar allí, en el dominio de ese ser Supremo el asombro y el deseo, la reconciliación y el alivio, el júbilo y el gozo, la belleza que demanda el espíritu del poeta, de un ser humano en circunstancias extremadamente limitantes. Y siguiendo a Rilke, en su pregunta: ¿no será tiempo de que el amor nos libere del amado? "Porque el permanecer está en ninguna parte." De Asís Fernández nos responde:

> Buenas noches, dolor, acuéstate conmigo,
> duérmete un rato para no sentirte;
> ya tenemos muchos años de vivir juntos
> y siempre es difícil compartir mi vida contigo.

Francisco sings to life as a way to stave off death. Perhaps the poem that best expresses that habitual need for communication, memory, love, and survival is "Love Growing in a Leopard":

> love growing in a leopard
> its claws stained with the blood of dreams.
> Orphan dreams
> travel without navigation charts
> copper coated, clipped wings
> hearts pierced by bullets.

This poetry is filled with biblical references, pondering life's great questions. It also voices support for Baruch Spinoza's version of God, just as Borges did, to discover wonder, desire, reconciliation, relief, joy, pleasure, the beauty desired by the soul of the poet, a human being in an extremely limiting condition. And in answer to Rilke's question about whether it is time for love to free us from the beloved, Asís Fernández responds:

> Good evening pain, lie here with me,
> sleep a while so I don't feel you.
> We have lived together now for many years
> and sharing my life with you is always a challenge.

Se que soy irreparable
pero tu debes irte al bosque a descansar,
a oír música, a conocer la nieve, los ríos.
¿Por qué no aprendes a volar lejos de mi?

JOSÉ ÁNGEL LEYVA

I know that I am irreparable
but you should go to the forest to rest,
listen to music, see snow, rivers.
Why don't you learn how to fly far away
            from me?

JOSÉ ÁNGEL LEYVA

EN LA PROFUNDIDAD DEL ALMA

¿A qué profundidad del alma tenemos que bajar?
¿cuánta roca dura tenemos que escarbar
para llegar a la belleza de la noche callada?
¿Cuántas veces nos tenemos que herir
para encontrarnos?
Tenemos nieve manchada,
nuestros demonios están escondidos adentro,
torrentes de agua, de memoria y lodo.
Hay que llegar al fondo para encontrar la música.
Millones viven encima de la corteza de la piel,
con el agua al cuello,
negando el ocio, la contemplación,
el pensamiento,
viendo sin ver, oyendo sin oír,
sin saber que un trozo de azul del cielo está en su alma.
Nada crece en su llanto. Solo viven y mueren.
Solo les gusta el mar, el oro y los atardeceres.
Y también hay millones que viven solo
con la tragedia de la tristeza de su alma
y el hambre.

Francisco de Asís Fernández

DEEP IN THE SOUL

How deep in the soul must we go?
How much rock must we dig through
to reach the beauty of placid night?
How many times must we hurt ourselves
to know who we are?
Our snow is stained,
our demons hidden within,
torrents of water, memory and mud.
We must touch bottom to find music.
Millions live on the skin's surface,
up to their necks in water,
refusing rest, contemplation,
thought,
looking without seeing, hearing without listening,
ignoring the trace of blue sky in their soul.
Nothing grows in their tears. They just live and die.
They only enjoy the ocean, gold, and sunsets.
And there are millions with nothing in life but
their soul's sad tragedy
and hunger.

LA BELLEZA

Cuando la imaginación agitada quiere
alcanzar la irrealidad,
cuando un relámpago se eleva inasible
por encima de las manos,
el hielo deshaciéndose y ella manteniéndose
en el aire como un fuego mágico,
el mar empujándola a todos los bordes y límites,
a la línea entre el cielo y el mar,
cuando el cielo íngrimo se llena de estrellas,
cuando un ángel me permite ver a sus doncellas.

BEAUTY

When restless imagination tries
to grasp unreality,
when elusive lightening rises
out of reach,
ice liquefying and she is there floating
in the air like a magic flame,
ocean tides push and pull her to every horizon,
to the border between sea and heaven,
when stars fill the desolate night sky,
when an angel reveals young maidens to me.

WALALLÁ WALALLÁ
(Canción monódica del mar)

Viviendo entre los muelles
y las redes de los pescadores
encontré una tarjeta postal de un país desconocido
que tenía un sol negro
y unas olas negras impresas
y los signos con la cadencia monódica
del canto del mar

WALALLÁ te llevaste mi espíritu
pero yo no te voy a dejar ir.
WALALLÁ
WALALLÁ
La muerte se refleja en un espejo
para que sea interminable.
Igual que la vida.
WALALLÁ
WALALLÁ
La vida viene de la muerte
la muerte viene de la vida
WALALLÁ
WALALLÁ
La muerte y la vida
son la misma rosa
la misma rosa.
WALALLÁ
WALALLÁ

WALALLÁ WALALLÁ
(Ocean monody)

Living between docks
and fishing nets
I found a postcard from a distant land
with a black sun
some black waves printed on it
symbols with a monodic cadence
from ocean song

WALALLÁ you stole my spirit
but I will not allow you to leave.
WALALLÁ
WALALLÁ
A mirror reflects death
to make it eternal.
Just as life.
WALALLÁ
WALALLÁ
Life comes from death
death comes from life
WALALLÁ
WALALLÁ
Death and life
are the same rose
the same rose.
WALALLÁ
WALALLÁ

EL DILUVIO

Todos se ahogaron en el diluvio,
aparecen en mis sueños todas las noches.
Aparecieron flotando todos los nietos de Caín,
los de Uruk, de Anatolia, de las tierras del maíz,
los que multiplicaron la violencia y la maldad
sobre la faz de la tierra.
Oían el aguacero cayendo sobre la mar dulce,
lo oían Noé y su esposa, Sem, Cam y Jafet y sus esposas
y todos los seres que hacen los colores del mundo animal
del aire libre y de la tierra mansa y salvaje.
Hasta que regresó al arca un cóndor
con una flor del renacimiento en su pico
anunciando que el Diluvio había creado
        un nuevo mundo.
Busco, busco, busco, buscoooooo,
y solo encuentro el lado oscuro de la historia,
el dolor no deja tiempo para cuidar las hortensias.
¿Qué nos une y qué nos separa con tanto
diluvio en el alma?

THE FLOOD

Everyone drowned in the flood,
I see them in my dreams each night.
I saw them floating, all of Cain's descendants,
Uruk's, Anatolia's, from the land of corn,
those who multiplied violence and evil
on the face of the Earth.
They heard torrential rain pouring over the sweet sea,
Noah and his wife, Shem, Ham and Japheth,
      and their wives
and all living beings in the colors of the animal world
from land and sky, tame and wild.
Until a condor returned to the arc
carrying a flower of rebirth in its beak
announcing that the Flood had created a new world.
I seek, I seek, I seek, I seeeeeeeeek,
yet all I find is the dark side to the story,
pain leaves no time to tend hydrangeas.
¿What unites us and what divides us with such
flood in our soul?

LA MONTAÑA MÁGICA

Hay una montaña sagrada cubierta de nieve,
poblada por osos, animales ariscos, sombras;
una montaña mágica con el eco de voces dulces
En la montaña sagrada no existe la noche
pero la luna alumbra la transparencia de las
mujeres virtuosas que montan unicornios
y no dejan subir a los que no aman, roban, matan
porque se les caen los harapos de sus carnes
que cubren el vacío de sus almas.
La montaña mágica es el primer círculo del cielo
        en la tierra.
Aquí están todas las respuestas y bosques de pinos.
Aquí en esta nieve nacen para bendecir la tierra,
las orquídeas salvajes, los lirios divinos
        de las anunciaciones,
los ruiseñores, el abecedario y el barco ebrio de azul.
Aquí en la montaña sagrada todos lloramos
porque el mundo está hecho de dolor, miseria
y mala levadura.

SACRED MOUNTAIN

There is a sacred mountain covered in snow,
where bears, vicious animals, shadows dwell;
a magic mountain where sweet voices echo.
On the magic mountain, there is no night
but the moon illuminates the radiance of
virtuous women riding unicorns
rejecting those they do not love, rob, murder
their flesh exposed as their clothes fall in tatters
over the emptiness of their souls.
The magic mountain is the first circle in earthly paradise.
This is the place with all the answers and pine forests.
From this snow, born to bless the Earth, come
wild orchids, the divine lilies of annunciations,
nightingales, the alphabet, and the drunken boat of blue.
We all weep here on the sacred mountain
for the world is pain, misery
and rancid leavening.

ME GUSTA DORMIR

Me gusta dormir
porque siempre tengo la esperanza de soñar.
Aprovecho una sombra en la calle
y cierro los ojos.
Siento un vacío misterioso,
la angustia sometiéndome a borrar el día
mientras espero lo divino;
me lanzo a la luz para descubrir la revelación
y me duermo con la inmensidad del sueño
adentro de mis ojos.

I LIKE TO SLEEP

I like to sleep
because I always hope to dream.
I take advantage of any shadow in the street
to close my eyes.
I feel a mysterious nothingness,
angst forcing me to wipe away the day
as I await divinity;
I dive into light seeking revelation
and I doze off with sleepy heaviness
in my eyes.

SE NOS VINO ENCIMA LA LUNA

Se nos vino encima la luna
con su cabello blanco oro platinado,
me trajo una flor de las nieves para la noche
con un estanque azul.
La luna y las estrellas hacen nacer la flor de la virtud
y la flor de la sombra y el eclipse.
¿Cómo hablaban en la Atlántida sobre la luna
y las estrellas?
Los astros conocen nuestra vida y el día de la muerte.
Los astrólogos hablan con la luna y las estrellas,
siempre saben dónde estamos,
de quién estamos enamorados.
Cuando nacemos, ellos hacen nuestra carta
            de navegación.
Los astros conocen la imperfección del amor
y saben que en algún lugar del universo
hay una tierra menos cruel que esta.

THE MOON POURED DOWN UPON US

The moon poured down upon us
with its platinum gold hair,
offering me an edelweiss flower for the night
in a blue pond.
From the moon and the stars the flower of virtue is born
and the flower of shadows and the eclipse.
How did they speak of the moon and the stars
in Atlantis?
The stars predict our life and the day we die.
Astrologers read the moon and the stars,
always knowing our whereabouts,
our love lives.
They chart the course of our lives from birth.
The stars predict love's imperfection
and they know that somewhere in the universe
there is a world less cruel than ours.

UN AMOR QUE ME CRECE EN UN LEOPARDO

Hay un árbol verde que me crece en la soledad
en la tierra roja, áspera,
en el infierno y el cielo
en el cacto y el águila.
Hay un árbol que me crece en la desolación,
un amor que me crece en un leopardo
con las uñas sucias de la sangre de los sueños.
Son sueños huérfanos
que viajan sin cartas de navegación
cubiertos de cobre, con las alas arrancadas,
con disparos en el pecho.
Yo planté ese árbol de los sueños truncos,
maté mi canto engañado,
porque no quiero que mi ángel de la guarda
continúe enterándose de todas mis tristezas
y las cuente en mis poemas.

LOVE GROWING IN A LEOPARD

A green tree grows in my solitude
from rugged, red earth,
from heaven and hell
from the cactus and the eagle.
There is a tree growing in my despair,
love growing in a leopard
its claws stained with the blood of dreams.
Orphan dreams
travel without navigation charts
copper coated, clipped wings,
hearts pierced by bullets.
I planted that tree of broken dreams,
I killed my foolish song,
because I don't want my guardian angel
to keep discovering all my sadness
to reveal it in my poems.

El cielo vacío

El cielo vacío.
Apagado.
No es alegre el canto de los pájaros en una noche
        sin luceros.
Se me vienen encima los pantanos del azul,
sin augurios, sin magia,
como un desierto
sin amor propio.
El cielo sin estrellas no es cielo,
no tiene nada qué decir.
Pareciera que Dios se quedó solo, sin poder,
sin promesas, sin ángeles.
Cuando el cielo se apaga
solo en la tierra existe la belleza,
solo la vida importa.
Cuando el cielo está vacío
la luna también se apaga
y los pájaros pierden sus colores.

Francisco de Asís Fernández

BARREN SKY

Barren sky.
Darkness.
There is no joyful birdsong on a night without stars.
A blue quagmire looms over me,
lacking insight, lacking magic,
like a desert,
Lacking self love.
The sky without stars is not a sky,
it has nothing to say.
It is as if God were alone, without power,
hope, or angels.
When heaven turns dark,
beauty exists only on earth,
and life is all that matters.
When the sky is barren,
the moon also grows dark,
and birds fade to gray.

PASÓ UN ÁNGEL

Pasó un ángel
con el joven rostro fatigado por la belleza.
Me habló en silencio.
Tenía los oídos tapados con cera de abejas
igual que los marinos de Odiseo
para no oír las miserias y los llantos.
Pasó un ángel
agotado con el paisaje de una primavera marchita.
Pasó un ángel casi vencido
poniéndome en el alma un sobre con una carta
respaldando con sus lágrimas mi esperanza.

Francisco de Asís Fernández

I SAW AN ANGEL

I saw an angel
his youthful face wearied by beauty.
He spoke to me in silence.
His ears were filled with beeswax
just like the sailors in the Odyssey
to block the sirens' cries and misery.
I saw an angel
wearied by the landscape of a withered spring.
I saw an angel on the brink of collapsing
placing an envelope with a letter in my soul
his tears giving me hope.

Yo es otro

A Arthur Rimbaud

¿Quién soy ahora? ¿en quién me he convertido?
¿Cómo me fui afirmando y negándome?
Muchas veces amé los desperdicios creyendo
      que era belleza,
mi locura por la vida no veía los límites invisibles.
Es cuando no quiero que el sol aparezca.
Y busco la perversión en mi profundidad,
el amor, la mentira, la esclavitud de las pasiones,
la hora en la cual me desconozco
y soy un hombre primitivo cerca del cielo.

I IS ANOTHER

To Arthur Rimbaud

¿Who am I now? ¿Who have I become?
¿How have I grown to affirm or reject myself?
So often I loved rubbish believing it was beauty,
my fervor for life blind to hidden limits.
This is when I wish the sun would not rise.
I search the twistedness of my soul,
love, lies, addiction to passions,
the moment when I no longer recognize myself
and I am a primitive man nearing heaven.

LA LUNA ES ESPEJO DEL MAR

La luna es espejo del mar,
mi alma es más grande que la luna,
más grande que el mar,
cabe mi niñez, mis aciertos, desaciertos,
el amor de una amante
mitad mujer, mitad pájara de orgulloso plumaje
con un clavel donde escribe que la tierra es redonda,
borracha de angustias y frutas prohibidas.
Yo quiero escribir mis presagios en ese clavel,
escribir cómo me veo en el espejo del mar
cuando no hay estrellas en el cielo,
cuando mi alma está desnuda;
quiero copiar el Guernica de Picasso en el clavel,
las puertas de Tapies,
los poemas de Sor Juana.
La luna es espejo del mar
y mi amante tiene la virtud de volar
con el clavel que tiene escrita mi alma.

THE MOON MIRRORS THE SEA

The moon mirrors the sea,
my soul is greater that the moon,
greater than the sea,
holding my childhood, my wisdom and my errors,
a lover's passion
half woman, half bird with noble plumage
bearing a carnation where she writes that
        the earth is round,
drunk on anguish and forbidden fruit.
I want to write my visions on that carnation,
to write how I see myself reflected in the sea
when there are no stars in the sky,
when my soul lies naked;
I want to copy Picasso's *Guernica* on the carnation,
Tàpies' doors
Sor Juana's poems.
The moon mirrors the sea
and my lover takes flight
with the carnation where my soul lies written.

EL HOMBRE PREGUNTA Y OLVIDA

El hombre pregunta y olvida.
Yo guardo en la piel
la vida y el amor abundante de mis antepasados,
cada mimoso azul crecido en las albas
desgarradas por la luz,
por el sol que se borra en el cielo.
Quiero leer en el oro de la tarde todos los pecados
        de mis antepasados
tatuados en mi piel como enormes bestias
        con el aroma de las lilas.
Imagino que a muchos de ellos les gustaban los pájaros
con plumas de colores radiantes.
Mis antepasados fueron naciendo uno a uno
para preguntar por el mundo y ser olvidados.
Siempre estuvieron empeñados en la belleza del mundo
en ver lo invisible, en tocar la rosa de los vientos
y todavía soplan las velas de mi nave.
Se me aparecen como pensamientos propios,
como deseos insatisfechos,
como hilo de sangre manchándome la camisa,
nublándome la vista,
haciéndome ver el mar como un cielo de ira.
Nosotros repetimos las mismas preguntas,
las mismas angustias.
Los amores no cambian,
los cinco sentidos no cambian,
se tienden al sol para estirar las piernas
y olvidar el olvido.

   Francisco de Asís Fernández

MAN ASKS AND FORGETS

Man asks and forgets.
On my skin I record
my ancestors' life and abundant love,
each tender blue nurtured by dawns
torn apart by light,
by the sun vanishing in the sky.
On golden afternoons, I want to read my ancestors' sins
tattooed on my skin like great beasts sweetened with lilac.
I suppose many of them liked birds with
brilliantly colored feathers.
One by one my ancestors were born
to wonder at the world and to be forgotten.
They were always devoted to worldly beauty,
discovering what the eye cannot see, touching the rose
            of the wind,
and they continue to fill my ship's sails.
They appear to me as if they were my own thoughts,
like unfulfilled desires,
like a bloodline staining my shirt,
clouding my vision,
making me view the sea like an angry sky.
We repeat their same questions,
their same apprehensions.
Love does not change,
the five senses do not change,
they lie in the sun to stretch their legs
and forget forgetting.

SIENTO QUE NOS ABANDONARON
EN UN EXTREMO OLVIDADO DEL UNIVERSO

Siento que nos abandonaron en un extremo olvidado
        del universo.
Se olvidaron de la belleza que crearon,
se olvidaron de la crueldad que crearon.
Bebemos agua quemada, vino, sangre.
El infinito no tiene puntos cardinales,
y nosotros tenemos un horizonte
donde el mar ahoga al sol todos los días.
El hombre es igual que el mar,
el hombre mata al hombre todos los días.
¿En qué estaban pensando cuando crearon este mundo
        con tanta belleza?
¿En que estaban pensando cuando crearon
        tanta crueldad?
¿Pensaron en el amor o el amor nació espontáneo
como el lirio y los girasoles?
Crearon el amor para que moviéramos al mundo,
crearon la crueldad para que lo destruyéramos.
Crearon la memoria y el olvido, la rosa y la espina,
el color y la sombra.
Crearon la música, la poesía
y te crearon a ti, dulce amor mío.
Quizás nos abandonaron sin saber lo que habían hecho
en este rincón del universo.
Ay, Dios mío, ¿por qué solo en la tierra creaste la
belleza y la crueldad?
¿Padre mío, por qué nos has abandonado?

I FEEL WE HAVE BEEN FORSAKEN
AT THE END OF THE UNIVERSE

I feel we have been forsaken at the end of the universe.
They forgot the beauty that they created,
they forgot the cruelty that they created.
We drink burnt water, wine, blood.
Infinity does not have cardinal points,
and we have a horizon
where the sea drowns the sun every day.
Man is like the sea,
man kills man every day.
What were they thinking when they created this world
          with such beauty?
What were they thinking when they created such cruelty?
Did they think of love or did love grow spontaneously
like the lily and sunflowers?
They created love for us to move the earth,
they created cruelty for us to destroy it.
They created memory and forgetting, the rose
          and the thorn,
color and shadow.
They created music, poetry
and they created you, my sweet love.
Perhaps they abandoned us not knowing
          what they had done
at the end of the universe.
Oh, my God, why did you create beauty and cruelty
only on Earth?
Father, why have you forsaken us?

EL HOMBRE ES UN SUEÑO EN EL UNIVERSO

¿Por qué nacimos en un mundo tan insignificante?
Todo en el tiempo, donde no existe el tiempo.
¿En qué parte del infinito está el infierno?
¿en qué parte queda el cielo?
Es imposible que exista el infierno.
La tierra en el infinito es más pequeña que el ojo
          de una serpiente
y un alma ocupa el espacio de una verdad,
de una sombra, de una imagen en una película.
No importa que la fe tenga pies ciegos,
aquí solo existen los sueños.
Y en el infinito hay millones de galaxias y millones
          de colores
de una belleza que no conocemos,
porque el hombre solo es un sueño en el universo.
¿Vive por el instinto de las estrellas?
Solo existimos cuando amamos a alguien y alguien
          nos ama.
Somos tan fugaces.
¿Quién nos da el prodigio de la imaginación?
¿Quién la inmensa belleza de las flores, de los animales,
          del agua, del fuego, del relámpago,
y el placer inconmensurable de verte, olerle, oírte, tocarte,
de sentir el sabor de tu cuerpo más desnudo
          que la noche?

MAN IS A DREAM IN THE UNIVERSE

Why were we born in a world so insignificant?
All in time, where time does not exist.
Where can you find hell in infinity?
And heaven?
Hell must be nonexistent.
The Earth in infinity is smaller than the eye of a serpent
and a soul takes up the space of a truth,
of a shadow, of an image in a film.
It does not matter if faith is blind,
Here only dreams exist.
Infinity holds millions of galaxies and millions of colors
in a beauty we have never seen,
because man is nothing more than a dream
        in the universe.
Do the stars guide his existence?
We only exist when we love someone and when
        we are loved.
We live but an instant.
Who gives us the miracle of imagination?
Who the immense beauty of flowers, animals, water,
        fire, lightning,
and the infinite pleasure to see you, smell you, hear you,
        touch you,
to sense the taste of your body more naked than night?

A LOS VIEJOS COMO YO

Seguramente a los viejos como yo
se nos aflojan las tuercas de los ojos
y lloramos por cualquier cosa.
Me regañan y me duele que me regañen.
Pienso que quizás lo que siento no es real
entonces sueño que vuelo sobre un mar de cardos,
que veo peces saltando cestos de pita,
a delfines más inteligentes que yo
enamorando con poemas de Keats.
Pero me veo como tigre viejo, herido, sangrando,
recordando que tuve manchas hermosas,
garras y dientes para perseguir y morder a mis amores.

When Men Like me Grow Old

Inevitably, when men like me grow old,
we start to fall apart
and we cry over the littlest things.
It hurts when people scold me.
I think my feelings may not be real
and then I dream that I am flying over sea holly,
that I see fish jumping maguey baskets,
dolphins more intelligent than I
seducing with Keats' poetry.
But I see myself as an old tiger, wounded, bleeding,
remembering my once beautiful stripes,
with claws and fangs to chase and bite my lovers.

AHORA MORIR PARECE DULCE

Ahora morir parece dulce,
pero la muerte no se apura,
se me viene como el hielo del mar.
Dicen que se ve una luz al final de un túnel,
como si fuera una salida de emergencia,
o que al final de la vida se llega a la luz del infinito,
un mar de peces transparentes,
la divina virtud de las almas de la historia sagrada
en el éxtasis de la belleza eterna,
y todo el universo al alcance de tu alma
rotando alrededor del cielo
y la música extremada de los ángeles.

DEATH SEEMS SWEET NOW

Death seems sweet now,
but death comes not swiftly,
advancing like sea ice.
They say you see a light at the end of a tunnel,
like an emergency exit,
or at the end of your life you reach everlasting light,
a sea full of transparent fish,
the divine virtue of souls in sacred history,
in eternal beauty's ecstasy,
and the entire universe within your soul's reach
rotating around heaven
and the angels infinite music.

ME DICEN QUE YO DEBÍ MATAR A MI PADRE

Me dicen que yo debí matar a mi padre
para que yo pudiera escribir mis Señoritas de Avignon,
para que escribiera que el mundo entero está en llamas.
Pero no basta la muerte del pasado
para que mi padre se vaya de mi mundo.
A mi alma primitiva le tocaba sacar las hojas del agua
y comprender con la parte animal que soy
que el hombre es más sensitivo que el árbol.
A mí me tocaba contar el océano de miserias
en un rompecabezas de versos de mi alma rota.
No maté a mi padre porque yo amaba lo que él hacía.
porque vi que no podía dejar de ser más humano,
porque él sabía cómo vivir y morir por la belleza.

THEY TELL ME I SHOULD HAVE KILLED MY FATHER

They tell me I should have killed my father
in order for me to write my *Young Ladies of Avignon*,
in order to write that the whole world is burning.
But death is not enough
to remove my father from my world.
My primitive soul had to pull leaves from water
to understand from my animal side
that man is more sensitive than a tree.
It was I who had to measure an ocean of misery
in a puzzle of verses from my broken soul.
I did not kill my father because I loved what he did
because I saw that he could not have been more human,
because he knew how to live and die for beauty.

LE HE PERDIDO AMOR A LA VIDA

Le he perdido amor a la vida
Padezco el hombre que soy, de 75, refugiado en la poesía.
Largo viaje he hecho para llegar a tener este viejo
      rostro fatigado.
Pero yo gocé un exceso de vitalidad cuando descendí
por el Maelstrom borracho de amores
que aparecieron en las líneas de mi mano.
A todas ellas las amé igual que a mi vida,
como un condenado a muerte.
¿Cuál de ellas pensará en mí ahora
      que me estoy apagando?
Ya apagándome le he perdido amor a la vida.
¿Y si yo me muriera ahora y volviera al lodo
para ser parte del infinito?
¿Y si un incendio voraz quema al gusano de seda
qué sería antes de convertirme en mariposa para
provocar ventarrones al otro lado del mundo?
Y ya entonces, ¿quién me recordaría?
Ya quiero dormir y no despertar.

I HAVE LOST MY WILL TO LIVE

I have lost my will to live
I suffer the man I am now, at 74, retreating to poetry.
It has been a long road for me to acquire this old,
       worn-out face.
But I benefitted from energy in excess when I descended
through the drunken Maelstrom of lovers
who were drawn on the lines on my hand.
I loved every one of them as if my life depended on it,
like a man on death row.
Which one of them remembers me now that I am failing?
In my failing I have lost my zest for life.
And if I die right now and return to clay
to be part of infinity?
And if a raging fire burns the silkworm
that I would be before I could become a butterfly
triggering tornados on the other side of the world?
And after that, who would remember me?
I am ready to sleep and not awaken.

MI NOMBRE ES SÍSIFO

Al final del día me vence el sueño
y otra vez la roca cae al fondo del empinado desierto,
para que yo al despertar exangüe,
empuje la maldición a cumplirse.
Esa es la vida de un hombre que pasa fugaz
            por el mundo,
mi vida de inválido en un tiempo oscuro.
El dolor es el equilibrio entre el cielo y la tierra
y el amor sale del sol para curar la adversidad.
Mi nombre es Sísifo, necesito un río solo para mí
para lavar las heridas de mi alma y de mi cuerpo.

MY NAME IS SISYPHUS

At the end of the day sleep overcomes me
and again the rock rolls to the bottom of the steep hill,
so that when I awaken exhausted,
I must push the curse forward to its fulfilment.
That is the fleeting life of a man in this world,
my life failing in darkness.
Pain is the midpoint between heaven and earth
and love flows from the sun to cure adversity.
My name is Sisyphus, I need a river all to myself
to wash the wounds on my body and soul.

YO FUI EL AMANTE DE LEONOR DE AQUITANIA

Yo fui el amante de Leonor de Aquitania,
Reina de Francia y Reina de Inglaterra.
Ella hacía el amor como una loca
debajo de las estrellas
sin perder su majestad.
Ella me enseñó lo que es el amor, la poesía,
me hizo un trovador que ama el viento invisible,
la verdad de la locura.
Leonor de Aquitania conocía el amor y el perdón.
Las nubes de su cielo le servían para acostarse
sobre la hierba,
extrañar el caos del universo
y contarme sus secretos.

I WAS ELEANOR DE AQUITAINE'S LOVER

I was Eleanor of Aquitaine's lover.
She, Queen of France and England,
made love with abandon
under the stars
without ever losing her majesty.
She taught me love, poetry,
For her I am a troubadour in love with invisible air,
truth in madness.
Eleonor of Aquitaine knew about love and forgiveness.
Served by the clouds in her sky, she lay down
on the meadow,
craving chaos in the universe
and revealing her secrets.

TODA MI VIDA ESCRIBIENDO POEMAS

Toda mi vida escribiendo poemas
para conocer pedazos de mi alma,
para ganarme con dignidad
el amor que me tuvo mi padre.
Y ahora, a mis 75,
me siento derrotado,
con terribles ganas de morir.
Siento cirios y esencia de gardenias.
Pero sigo buscando las palabras que necesito,
las que se vienen arrastrando, cambiando de color,
con filo, romas, burdas, dulces, amargas, con alas,
que hayan nacido de la boca abierta de la pobreza,
del amor, del desamor, para nombrar milagros.
Sigo buscando palabras, armándolas y desarmándolas,
sacándolas de gavetas, calcetines y madrigueras,
de la fragua y del nardo.

MY WHOLE LIFE WRITING POEMS

My whole life writing poems
seeking bits of my soul,
to earn with dignity
the love my father bestowed me.
And now, at 75,
I feel defeated,
obsessed with dying.
I sense votive candles and essence of gardenia.
Yet I continue to seek the words I need,
they come crawling, fading,
sharp, blunt, coarse, sweet, bitter, with wings,
born from hunger's open mouth,
from love, from disinterest, to name miracles.
I keep searching for words, putting them together,
        pulling them apart,
pulling them out of drawers, socks, and nooks,
from furnace and flower.

ESCRIBO EN MI DIARIO

A veces siento que escribo mis poemas
igual que un prisionero escribe el diario de su vida,
como un capitán de un navío lleva su bitácora.
Ya no oigo o no entiendo lo que pasa,
la situación grave del mundo que cuentan en la TV.
Los muertos entran y salen.
¿Para qué nos salvamos del diluvio?
¿Por qué los blancos, los negros, los ojos chinos,
        Ismael, Isaac?
El mar y los ríos son la belleza del dolor.
¿Quién salva a quién?
Yo me enamoré del cielo, del lirio,
del canto del ruiseñor en la virginidad de la selva
pero ya no me acuerdo para qué.
Nadie se da cuenta de mi amor, nadie lee mis poemas.
El amor se paga caro.
Me despierto a las 2 de la madrugada
y pienso en la Helena de Menelao,
en los amores flacos y andrajosos,
en la crisis del amor de cinco mil millones
        de seres humanos.

I KEEP MY JOURNAL

At times I feel I write my poetry
the way a prisoner keeps his diary,
like a ship captain keeps his log.
I no longer hear or understand what is happening,
the dire state of the world they talk about on TV.
The dead come and go.
Why did we survive the flood?
White, Black, Chinese eyes,
Ishmael, Isaac?
The sea and rivers are pain's beauty.
Who saves whom?
I fell in love with heaven, the lily,
the nightingale's song in virgin forest,
but I no longer recall what for.
No one notices my love, no one reads my poems.
Love is costly.
I awaken at 2 in the morning
and I think about Helen of Menelaus,
about love weak and worn,
about the crisis of love faced by five billion
        human beings.

Para conocer mis olvidos

Mi cerebro tiene goteras
porque se me ha olvidado reparar mi cerebro.
Ya puedo echar al agua un barco de velas
para viajar a conocer mis olvidos,
el negro, el rojo y el ocre de las cuevas de Altamira,
el templo del laurel,
las casas sepultadas por la belleza de la selva,
para sentarme a ver pasar mi pasado
            en un espejo retrovisor.
Para ser feliz hay que mojar el corazón,
dejar de tener visiones del infierno, terrores nocturnos,
alucinaciones con demonios entrando a mis sueños,
creando ilusiones donde me engañan lo que veo
y lo que toco
y me destierran a un campo de mariposas.
Hay que meterse en la niebla
para cambiar la forma de los sueños,
las bestias extrañas con pliegues agitados por el viento
y bellos hexámetros recitados por Homero.

FOR MY RECOLLECTIONS

My brain is full of leaks
because I forgot to repair it.
I can launch a sailboat
on a voyage to my recollections,
the black, red, and ochre of Altamira's caves,
the laurel temple,
houses buried under the jungle's beauty,
I can sit and look at my past in the rearview mirror.
To be happy I have to get my heart wet,
to stop having visions of hell, nightmares,
hallucinations of demons entering my dreams,
illusions where I am deceived in what I see
and touch
banished to a field of butterflies.
I have to penetrate the fog
to reshape my dreams,
strange beasts weathered and shaken by the wind
and beautiful hexameter recited by Homer.

LA TEMPESTAD

El cielo está viejo y vacío,
manchado de ortigas
y tiemblan las bestias cuando
aparecen las estrellas arrogantes.
Oh Mi dolor y mi delirio, ven a mis sueños
a murmurarme al oído:
¿Qué verían en mi alma los ojos de Santa Lucía?
Se oye el trino de los pájaros,
el chirrido de los grillos,
el repique de campanas,
¿Es la ruta del incienso, del sándalo?
Y los ecos en la soledad.
Uno nace con esta herida en la luna llena,
se te van vaciando las venas y las arterias,
te prendes a las canciones,
a la tristeza de la noche,
a las olas rugientes
y te hundes en el mar crispado,
en la visión milagrosa del relámpago.
Oh fortuna, llena de dolor y miseria,
dolor y delirio.

THE TEMPEST

The sky is gray and barren,
stained by nettles,
and beasts tremble when
arrogant stars emerge.
Oh, my pain and my delirium, come into my dreams
to murmur in my ear:
What would Saint Lucia's eyes see in my soul?
You can hear birdsong,
crickets chirping,
bells ringing,
Is this the route for incense, for sandalwood?
And the echoes of solitude.
You are born wounded on the full moon,
Life begins to drain from veins and arteries,
you cling to song,
to night's sadness,
to roaring waves
and you are plunged into the angry sea,
in the miraculous vision of lightening.
Oh fortune, full of pain and misery,
pain and delirium.

UN ÁNGEL CAÍDO

Serás mis ojos para conocer cómo va creciendo mi alma
el esplendor de lo sagrado, la oscuridad, la llaga.
Serás el verbo hecho en mi carne habitada.
Soy un ángel caído, polvo soy
y volveré al polvo con el sol y el viento del norte
en un lugar desolado.
La vida me duró un instante, una gota de lluvia
y nadie va recordar cuánto amé, lo que me amaron.
Ya no me queda mucho tiempo para hacer
        lo que vine a hacer:
escribir mis versos en tablillas de barro,
medir mi sombra,
preguntarles a los astros dónde está el infinito
y adónde muere.
Pero cuando me haya ido
vean el mar, sean mis ojos
y sentirán cómo crece mi alma.

FALLEN ANGEL

You will be my eyes to experience how my soul expands
sacred splendor, darkness, stigmata.
You will be the word written on my inhabited flesh.
I am the fallen angel, I am dust
and to dust I will return with the sun and the north wind
in some forsaken place.
My life lasted but an instant, a drop of rain
and no one will remember the depth of my love,
        those who loved me.
There is not much time remaining for me to do what I
came here to do:
to write my verses on clay tablets,
to measure my shadow,
to ask the stars where to find infinity
and where it dies.
But when I am gone
behold the sea, be my eyes
and you will feel my soul expanding.

EN EL TORRENTE DE MI SANGRE

Al poeta Raúl Zurita

Cualquier dolor que haya sentido vive en mis venas
igual que la belleza viaja en el torrente de mi sangre,
y entra a los pasajes secretos de mi alma.
En mi sangre esta la materia oscura y luminosa
      de mis versos,
el lazo invisible del ciclo de mi vida en el llanto roto.
El tiempo es cruel. Terrible es todo tiempo,
es una maleza dura y áspera,
se van juntando las piezas de un rompecabezas
mientras se abren heridas y cae la sangre
una y otra vez.

THROUGH MY BLOODSTREAM

To the poet Raúl Zurita

Every pain I have ever felt runs through my veins
just as beauty travels through my bloodstream,
to enter my soul's secret channels.
My blood holds the dark and luminous matter
      of my verses,
the invisible bond of my life's evolution
      in broken weeping.
Time is cruel. Time is always terrible,
a tough, prickly weed,
the pieces of a puzzle come together
opening wounds and shedding blood
over and over again.

TENGO EN MI ALMA UNA MELODÍA CELESTIAL

Tengo en mi alma una melodía celestial
mientras vuelan y cantan las alondras,
mientras me habla el cielo
sobre el invierno de los destellos
y sus domingos de adviento.
¿Qué hay detrás de las palabras del cielo?
¿El brillo del sol? ¿Los andrajosos hoyos negros?
¿El agujero negro de la Vía Láctea?
Orión vagaba ciego por el mundo
y ahora vaga iluminado en la bóveda celeste.
Solo el cielo puede manejar la verdad.
Aquí está la constelación Corona Borealis.
Aquí está el Horizonte de Sucesos que separa
la región del agujero negro del resto del universo.
Aquí están la pureza y la belleza de los lirios
que se saben el canto de las alondras
y la verdad del cielo infinito.

I HAVE A CELESTIAL MELODY IN MY SOUL

I have a celestial melody in my soul,
as larks fly and sing,
as heaven speaks to me
of flickering lights in winter
and Advent Sunday.
What lies behind heaven's words?
The shining sun? Waning dark stars?
The Milky Way's black hole?
Orion who wandered blind through the world
now roams the celestial sphere enlightened.
Only heaven can guide truth.
Here is the Corona Borealis constellation
Here is the Event Horizon separating
the black hole from the rest of the universe.
Here is the purity and beauty of lilies
that know the lark's song
and heavenly truth.

EL AMOR CRECE A LA ALTURA DE LAS MONTAÑAS

El amor mío crece a la altura de las montañas
        de Nicaragua
y miles de pájaros escriben poemas en las puertas
        del cielo.
He vivido toda mi vida abriendo mi alma
para que entren los sueños,
abriendo la rosa y cerrando el clavel,
preguntando por Stella.
Comí fresas salvajes, no soy el mejor de los hombres.
¿Qué me hace amar tanto a la belleza?
Carezco de pecados.
Dios me hizo para que ame el milagro de la vida,
para que vea, oiga, toque,
sienta el perfume de las rosas,
y distinga el sabor de la manzana, la mandarina, el mango.
Dios me hizo para ser un poeta lleno de lujuria,
para que ame a las mujeres y desee a la mujer
        de mi prójimo.
El amor y los sueños me han hecho vivir
        como un boxeador,
contra las cuerdas.
La poesía me ha hecho más humano y para sentir
        el dolor ajeno.
Las mariposas doradas y los lirios lloran conmigo
cuando un hombre le arranca la vida a otro hombre.

LOVE GROWS TO MOUNTAIN HEIGHTS

My love grows to Nicaragua's mountain heights
and thousands of birds write poems at heaven's gate.
I have lived my whole life opening my soul
for dreams to enter,
opening the rose and closing the carnation,
calling for Stella.
I ate wild strawberries, I am not the best of men.
What makes me love beauty so?
I am without sin.
God made me to love the miracle of life,
for me to see, hear, and touch,
to sense the fragrance of roses,
and to taste the difference between apples,
      mandarins, and mangos.
God made me a poet full of lust,
for me to love women and to desire my neighbor's wife.
Love and dreams have forced me to live like a boxer,
      on the ropes.
Poetry has made me more human and able
      to feel others' pain.
Golden butterflies and lilies weep with me
when a man takes the life of another man.

La falta de amor está derritiendo los témpanos de hielo
       de la Antártida,
levanta nubes de arena del Sahara para cerrar la puerta
       del cielo.
La vida sin amor es un lugar peligroso para vivir.

The lack of love is melting the Antarctic's ice floes,
raising Saharan dust to block the gates of heaven.
Life without love is a dangerous place to live.

BARUCH SPINOZA

Baruch Spinoza pulía lentes y pensaba,
escribió las diferencias entre la imaginación
        y el pensamiento
entre un oso derritiéndose en la lluvia
y el horrendo pensamiento que se tenía de un Dios brutal
que nos creó para castigarnos.
A Baruch Spinoza le gustaba la poesía, la imaginación
y contenía sus emociones cuando encontraba a Dios
        en el infinito;
pero no creyó en el Dios que todos creían.
Spinoza no creía en un Dios despiadado,
creía en un Dios misericordioso.
Porque Dios no pudo darnos libertad
sabiendo que íbamos a matar a Abel,
que íbamos a desear a la mujer del prójimo,
que íbamos a tener gula, envidia, avaricia, odio,
que los hombres iban a ver cómo se iluminan las estrellas
mientras se convertían en dictadores.
Baruch Spinoza dice que Dios no pudo habernos
        creado para castigarnos.
A Spinoza le hubiera gustado conocer los colores
        del cosmos
y que los pensamientos del hombre están hechos de sal.
A Baruch Spinoza lo castigaron los hombres
por creer en un Dios misericordioso,
que hizo a los hombres libres para amarlos.
Pero los sefarditas de esa época
creían que ellos pensaban como su Dios
y lo condenaron.

BARUCH SPINOZA

Baruch Spinoza polished eyeglasses and thought,
writing of the differences between imagination
      and reason
between a bear melting in the rain
and the horrific thought he had of a cruel God
creating us merely to punish us.
Baruch Spinoza liked poetry, imagination
holding back his feelings upon meeting God in infinity;
but he did not believe in the God others believed in.
Spinoza did not believe in a ruthless God,
he believed in a merciful God.
Because God could not give us freedom
knowing that we would kill Abel,
that we would covet our neighbor's wife,
that we would be gluttonous, envious, greedy, hateful,
that men would learn about what makes the stars shine
while they were becoming dictators.
Baruch Spinoza said that God could not have created
      us to punish us.
Spinoza would have enjoyed seeing the colors
      of the cosmos
and knowing that man's thoughts are made of salt.
Baruch Spinoza was punished by men
for believing in a merciful God,
who made men free to love them.
But the Sephardic community of the time
believed that their thinking was the way of God
and they expelled him.

DESARRAIGÁNDOME DEL SUEÑO

Todos los días cuando me despierto
empiezo a descubrir el mundo,
empiezo a quejarme, a gritar, a moverme,
a quererme herir con la luz,
a querer estirar mi cuerpo mío de mí,
a sentir el caos del primer día de la creación
cuando no existía nada y el caos hacía latir mi corazón
y apenas sin darme cuenta yo empezaba a existir.
Todos los días nazco a la vida,
al deslumbramiento,
a la necesidad de sentirme protegido,
queriendo abrir un hueco en el cielo.
Cuando despierto soy un niño sentado en lo
alto de la rueda del firmamento,
cuando no se ha creado la palabra,
la lucidez emergiendo del barro enmarañado
              de la memoria,
desambiguándose versos, rostros, melodías,
sueños, amapolas, aromas, Alondras, lirios,
volviendo a nacer adentro de mí,
desarraigándome del sueño,
expulsado del paraíso.

Torn From Sleep

Each day when I awaken
I discover the world anew,
complaining, crying, moving,
wanting light to hit me,
wanting to get out my body,
to feel the chaos of the first day of creation
when there was nothing and chaos made my heart beat
when I came into existence unaware of it.
Each day I awaken to life,
dazed by light,
longing to feel protected,
seeking a glimpse of heaven.
When I awaken I am a child seated
high above the wheel of fortune,
before the creation of the word,
lucidity emerging from memory's wet clay,
molding verses, faces, melodies,
dreams, poppies, aromas, larks, lilies,
born again from myself,
torn from sleep,
cast out of paradise.

VI SU CORAZÓN DE NÁCAR SONANDO UNA CARACOLA

Vi su corazón de nácar sonando una caracola,
lo vi besando peces en el aire azul.
Lo vi manando rosas.
El corazón de mi amada me dijo:
cuando volvamos a vivir nos amaremos
antes del aire, en el aire y después del aire
y solamente lloraremos de alegría.
Vamos a detener la rotación de los astros,
vamos a cabalgar unicornios y osos blancos.
En las noches de luna llena podemos corregir
            el firmamento,
cambiar el nombre de los meses y los días,
ponerles Homero, Príamo, Elena, Odiseo, Dante,
Virgilio, Shakespeare, Cervantes,
lirio, azucena, ruiseñor.
Tenemos que nacer sin pecado original
vivir con candor más allá del bien y del mal.
Hay que poner la realidad en el pico
            de las aves migratorias
para que la suelten en los vientos.
Tenemos que amar la abundancia infinita del universo
y amar a Dios sobre todas las cosas.

I Saw Her Mother-of-pearl Heart Blow Into a Conch Shell

I saw her mother-of-pearl heart blow into a conch shell,
I saw it kissing fish in the blue air.
I saw it overflowing with roses.
My lover's heart spoke to me:
when we live again we will love each other
before air, in air, after air
and we will only weep with joy.
We will halt the rotation of the stars,
We will ride unicorns and white bears.
On full moon nights we can alter the celestial sphere,
changing the name of days and months,
calling them Homer, Priam, Helen, Odysseus, Dante,
Virgil, Shakespeare, Cervantes,
Madonna lily, nightingale.
We must be born without original sin
living in innocence beyond good and evil.
We must place reality in the beaks of migratory birds
for them to carry it off in the wind.
We must love the infinite abundance of the universe
and love God most of all.

Puedo oír los latidos de los versos hondos y amargos de Darío

Puedo oír los latidos de los versos hondos y amargos
      de Darío,
él tenía oído para la música y para la vida.
Oigo latir cada uno de sus recuerdos.
Y oigo latir los míos.
Cuando los escribo se me quedan vivos para siempre.
Me quedaba despierto destrozando las rosas
      con mis dientes,
leyendo a Byron, a Baudelaire, a Cavafis.
En la poesía no existe la mentira,
la mentira está hecha con el mismo barro de Caín,
de Abel, de Ugolino, de Rodin, de Caronte.
A Lorca le encantaban las mentiras,
las platicaba, las cantaba, las bailaba,
las hacía verdad cuando oía sus latidos.
Yo vi a la luna cuando vino con su polisón de nardos
y vi al niño cuando la miraba.
Homero es el primero que sintió los latidos
de la verdad, de la mentira.

I Can Hear the Throbbing of Darío's Deep and Bitter Verses

I can hear the throbbing of Darío's deep
       and bitter verses,
he had an ear for music and life.
I hear all his memories throbbing,
And the throbbing of my own.
When I write them I give them eternal life.
I used to lie awake gnashing roses with my teeth,
Reading Byron, Baudelaire, Cavafy.
Poetry does not lie,
lies are formed from the same clay as Cain,
Abel, Ugolino, Rodin, Charon.
Lorca loved lies,
he told them, he sang them, he danced them,
he turned them into truth when he listened
       to their throbbing.
I saw the moon when she appeared with her bustle
       of flowering nard
and I saw the boy watching her.
Homer is the first to feel the throbbing
of truth, of lies.

YO NECESITO SOÑAR

A Chus Visor
y José María Velázquez-Gaztelu

Yo necesito soñar, alucinar,
sentir, oler, ver una irrealidad
como las palabras de la lluvia,
unas multitudes que se acercan a mí
con colores vivos, con espejos,
con piedras azules que manan el agua incontenible
que se me acercan con el ímpetu de los corales,
o me llevan al refugio de las algas.
Yo necesito soñar que vivo en el mar
y atravieso los mares para oír la Flores del Mal
dichas por Baudelaire.
Un hombre sin sueños es un hombre sin sombra.
Las alucinaciones son mi pan, la costilla de Eva.
Cuando sueño que vuelo y los pájaros me hacen
            su confidente,
cuando sueño que una mujer me habla
con dulces trinos y no la entiendo.
Veo morir a mi padre una y otra vez.
Me veo repitiendo momentos dulces de mi vida.
Me veo encerrado en un cuarto hecho de espejos,
el piso, las paredes, el techo reflejando mi cuerpo
millones de veces
hasta perderme, hasta dejarme sin identidad,
Y yo luchando para que mi alma
no se salga de mi piel y la pierda.

I NEED TO DREAM

To Chus Visor
and José María Velázquez-Gaztelu

I need to dream, to hallucinate,
to feel, to smell, to see fantasy,
like words of rain,
crowds approach me
with bright colors, mirrors,
blue stones overflow with water
coming towards me intrepid as coral,
or carrying me to shelter in sea algae.
I need to dream that I live in the sea
that I cross the ocean to hear The Flowers of Evil
recited by Baudelaire.
A man without dreams is a man without a shadow.
Hallucinations are my bread, Eve's rib.
When I dream of flying and birds confide in me,
when I dream of a woman speaking to me
in sweet trills that I do not understand.
I see my father dying over and over again.
I relive my life's sweet moments.
I find myself trapped in a room of mirrors,
the floor, the walls, the ceiling reflecting my body
a million times over
until I lose myself, stripped of identity,
as I struggle to hold my soul
within my skin and not lose it.

EN LAS HOJAS DEL ÁRBOL DE LA VIDA

En lo poco que me queda del milagro de la vida
las lágrimas deben caer en la pradera
donde recojo las flores,
y se embriaga la rosa sobrenatural de mis labios.
Aquí abrazo la corteza áspera del árbol
que en el cielo toca el vacío más allá de la muerte,
aquí toco las flores que mueven el universo,
el hechizo que domina mi corazón,
el verso de la magia del bien y el mal,
el yo pecador en las hojas del árbol de la vida
entrando y saliendo de la lluvia,
entrando y saliendo del infierno,
del purgatorio
y del paraíso.

IN THE LEAVES OF THE TREE OF LIFE

For the short time I have left in this miracle of life
tears must fall on the meadow
where I gather flowers,
where the magical rose of my lips becomes intoxicating.
Here I embrace the tree's rough bark
that extends to emptiness beyond death in the sky,
here I reach the flowers that guide the universe,
the spell that dictates my heart,
the magic verse of good and evil,
the sinning self in the leaves of the tree of life
in and out of the rain,
in and out of hell,
purgatory,
paradise.

LOS SENDEROS DE MI FORTUNA

A Gioconda Belli

Voy a organizar las arenas del desierto
igual que el brillo de las estrellas en el cielo
para encontrar los senderos de mi fortuna.
En el diluvio voy a encontrarlos,
en unas torres de agua azul entre el cielo y el desierto,
en la calma y la virtud de la iluminación
de un grano de arena que arde.
Quiero encontrar los senderos de mi fortuna
porque ya senté la belleza en mis rodillas,
hallé la poesía en las bolsas rotas de mis pantalones
        y camisas
y ya soy un viejo minusválido de 75 años
que no quiere morir,
que como hiedra quiere vivir
y quiere volver a tener la felicidad y la angustia.

TO TRACE MY FATE

To Gioconda Belli

I will shape the desert sands
the same way I do starlight in the sky
to trace my fate.
I will find it in the flood,
in towers of blue water between sky and desert,
in the tranquility and virtue of the illumination
of a grain of sand on fire.
I want to trace my fate
because I already set beauty on my knees,
I found poetry in the ripped pockets of my shirts
          and pants
and I am now a 75-year-old disabled man
who does not want to die
who wants to climb like ivy
who wants to experience pleasure and pain again.

BUENAS NOCHES, DOLOR

Buenas noches, dolor, acuéstate conmigo,
duérmete un rato para no sentirte;
ya tenemos muchos años de vivir juntos
y siempre es difícil compartir mi vida contigo.
Sé que soy irreparable
pero tú debes irte al bosque a descansar,
a oír música, a conocer la nieve, los ríos.
¿Por qué no aprendes a volar lejos de mi?
Nuestra relación no es buena, me hace llorar,
es como la de un matrimonio malavenido
y yo siento que poco a poco me quieres matar.

Francisco de Asís Fernández

GOOD EVENING PAIN

Good evening pain, lie here with me,
sleep a while so I don't feel you.
We have lived together now for many years
and sharing my life with you is always a challenge.
I know that I am irreparable
but you should go to the forest to rest,
listen to music, see snow, rivers.
Why don't you learn how to fly far away from me?
Our relationship isn't healthy, it makes me cry.
It is like an incompatible marriage
and I feel you trying to kill me bit by bit.

LIRIOS Y GIRASOLES

Vivo en el milagro del viento contra la lluvia
adonde un ave vuela en mi corazón
y todo fluye, nada se repite.
 Lirios y girasoles, amores míos,
el rojo gris en los sueños.
Vivo en una tubería vieja
arrastrado por bellas vagabundas que aman
a los hombres con poemas en los bolsillos,
con cicatrices por las batallas.
Yo siempre he tenido la poesía en los huesos,
en la transfiguración del trino
en alucinaciones,
en el verbo hecho carne durmiendo conmovido,
traicionándome, enseñándome a vivir, ver, oír
y a tocar el cielo con mis manos.

LILIES AND SUNFLOWERS

I am alive in the miracle of wind against rain
where a bird takes flight in my heart
and everything flows, nothing is constant.
Lilies and sunflowers, my loves,
the gray red of dreams.
I inhabit an old channel
pulled along by beautiful vagabonds who love
men with poems in their pockets,
scarred by combat.
Poetry has always been in my bones,
in the transformation of trilling,
in illusions,
in the word as flesh sleeping unsettled,
betraying me, teaching me how to live, to see, to hear
and to touch heaven with my hands.

MI ALMA ES UNA BESTIA ENFERMA

Mi alma es una bestia enferma
tocando ciega la profundidad del cielo.
Recibo el silencio del jardín
como un milagro de la creación.
Mi alma apretada a mi corazón
desconfía de la pureza,
ama la belleza, el fondo salvaje del mar,
pero le teme.
Mi alma ama la libertad de los pájaros
que no tienen pensamientos extraños.
Yo la pongo en el sol para curtirla
y pueda defenderse de mis demonios.
Los hombres hablan y hablan
sonando sus cascabeles
pero no se parecen a los pájaros.
Muchas veces los ángeles se visten de pájaros
para recorrer el mundo.

MY SOUL IS A SICK BEAST

My soul is a sick beast
reaching blindly into the deep sky.
I accept the garden's silence
as a miracle of creation.
My soul pressed to my heart
is wary of purity,
loving beauty, the wild ocean floor,
but in fear.
My soul loves the freedom of birds
lacking odd notions.
I set my soul in the sun to tan it
for it to resist my demons.
Men talk and talk
all chiming in
but they do not look like birds.
Angels often disguise themselves as birds
to travel the world.

ESTOY EN LAS PUERTAS DEL INFIERNO

A Antonio Gamoneda

¿Quién ama como yo la imperfección?
Estoy en las puertas del infierno
con las manos cortadas.
Soy un amante condenado,
invente el abismo para caer,
descendí al infierno,
se pueden contar mis costillas.
Yo toque la lujuria de Eva,
me persiguieron los demonios
crearon mi impureza, mis sueños.
Salí del paraíso sin remordimientos
para vivir dentro de las murallas de la imperfección.
Busco el tiempo perdido, la lengua de la serpiente,
el árbol de la vida, la verdad de la carne.

I STAND AT THE GATES OF HELL

To Antonio Gamoneda

Who loves imperfection as much as I?
I stand at the gates of hell
with my hands severed.
I am a condemned lover
who invented the abyss to fall into it,
descending into hell,
you can count my ribs.
I touched Eve's lust,
demons pursued me
corrupting me, my dreams.
I left paradise without regrets
to live within the confines of imperfection.
I seek lost time, the serpent's tongue,
the tree of life, the truth of flesh.

UN BALCÓN DE LA NATURALEZA

No me di cuenta que estaba rompiendo el agua,
los agravios y las mitologías del rencor,
nunca me di cuenta lo que hacía.
Solo vi osos y aves prendidos de la miel de tu nombre,
osos negros y osos malayos.
La desolación del agua quebrada, paciente,
abierta para que entres diciendo poemas
con el oficio del mar al laberinto de mi imaginación.
¿Todo lo que vivo es irreal?
¿Cómo es el mundo que construyo en el abismo?
¿Cómo son las frutas y los árboles en un balcón
           de la naturaleza
sembrado con versos de Whitman
para que entres y unas el agua con el cielo,
para que cuando vayamos a morir
nos demos cuenta de que vivimos?

NATURE'S BALCONY

I did not realize that I was stirring up the water,
insults and mythologies of resentment,
I never realized what I was doing.
I only saw birds and bears indulging on honey
        in your name,
black bears and sun bears.
Stirred waters' desolation, patient,
open for you to enter reciting poems
as the sea in the labyrinth of my imagination.
Is my entire life a dream?
What is this world that I assemble in the abyss?
What fruits and trees inhabit nature's balcony
planted with Whitman's verses
so you may come in and merge water and sky,
so that when we are about to die
we realize we are alive?

Las rosas que brillan en la noche

Al poeta Óscar Oliva

Descubrí que todas las estrellas
están hechas de rosas que brillan en la noche,
que son umbrías cuando cae la tristeza.
Aquí la eternidad tiene medido el tiempo
para cada uno de los astros.
Los años no ajan las rosas
para que escriban en sus pétalos los destinos.
Se leen los atrevimientos, las manchas del tigre,
las lunas perdidas de mis amores.
Leo que no todas me amaron como a una
línea de su mano.
Amé a las mujeres que andaban descalzas
              como los ángeles,
que inventaron que el tiempo es una estrella intocable.
Las rosas encienden la noche
y los perros lamen la lujuria de las rosas
como un viento que pasa.

ROSES SHINING IN THE NIGHT

To the poet Óscar Oliva

I discovered that the stars are all
made of roses shining in the night,
that they are dark when sadness falls.
Here eternity has measured the time
each star will last.
Years do not wilt the roses
so that destiny may be written on their petals.
You can read my boldness, my tiger stripes,
the lost moons of my love affairs.
I read that they did not all love me like a
line on their hand.
I loved women who were barefoot like angels,
who dreamed up time as a distant star.
Roses light up the night
and dogs lick the roses' lust
like a gentle wind.

TOCA EL CIELO CON TU MANO

Esta ventana sirve únicamente para ver la noche,
ábrela y toca el cielo con tu mano,
es un muelle para saltar al vacío de la luz
donde habita el alma.
Tócalo bien, sin miedo a herir un secreto.
Aquí se ve el ordenamiento de la virtud del infinito
y la inutilidad del hombre en el universo,
las bestias y los luceros en el establo,
el cielo como el fondo del mar inmaculado,
su final es su principio.
Los nardos y los lirios abren mi ventana
y la luna me cierra los ojos
para verme dormir y soñar.

TOUCH THE SKY WITH YOUR HAND

The sole purpose of this window is to view night,
open it and touch heaven with your hand,
it is a dock to leap into the nothingness of light
where the soul resides.
Go ahead and touch it, do not fear baring a secret.
Here you can see the laws of the virtue of infinity
and man's uselessness in the universe,
beasts and stars in the stable,
the sky as the immaculate bottom of the sea,
its end is its beginning.
Nard and lilies open my window
and the moon closes my eyes
to see me sleep and dream.

EL CANTO ESPIRITUAL

El canto espiritual de los esclavos
le ponía lágrimas al canto de los pájaros.
¿Cómo escondían la esperanza en las barracas y
galpones, en el látigo y la sangre?
El tiempo retrocediendo con el río
a la tristeza de la ceiba y la araucaria,
al amor en secreto de los padres a los hijos,
del hombre y la mujer.
La dulzura en secreto.
El dueño montado sobre la mujer.
El mismo canto espiritual de los negros.
Una vida sin equilibrio, los huesos en el alma,
una vida buscando la vida en otro lugar,
enfrentando la tormenta.
Rio arriba se oye el canto de las gallinas,
la espalda sangrada, la zozobra
inventando un mañana sin la sangre de hoy.

SPIRITUAL CANTICLE

The spiritual canticle of slaves
poured tears into birdsong.
How did they stow hope on riverbanks and
slave quarters, in the whip and blood?
Time receding with the river
the ceiba and araucaria trees' sadness,
secret love between parents and children,
between men and women.
Secret sweetness.
The master mounting the woman.
The same black spiritual canticle.
Life unhinged, soul full of bones,
a life seeking life in another place,
facing the storm.
Upriver the sound of clucking hens,
the bloodied back, the tempest
inventing a tomorrow without today's bloodshed.

EL VUELO DE LAS MARIPOSAS

Los ciervos perdieron sus alas
cuando sintieron celos de los unicornios
que hacían florecer en los desiertos
el canto de las piedras preciosas.
Entonces el Arcoíris les quito las alas
y creo a las mariposas para que su vuelo
alimentara las mareas del mar
y lo sintieran en el remoto extremo de las rosas.

FLIGHT OF BUTTERFLIES

Deer were stripped of their wings
for envying unicorns
that made deserts bloom
with the song of precious gems.
For that the Rainbow took their wings
creating butterflies for their fluttering
to stir ocean tides
and be felt deep within rosebuds.

EL HILO AZUL QUE HA TEJIDO MI VIDA

Ven, amor, acomódate en este cielo
que he preparado para ti,
ponte la carne sin el bermellón de la angustia
y reclínate en los pastizales de mis manos.
Yo entré al mundo que vivimos
cuando soñé que te amaba
y solo podía escribir tu nombre
en el momento antes de morir.
Ven, amor, quédate como una dulce mariposa
sin borrar los poemas que le hice a otros amores,
tienes que respetar el hilo azul que ha tejido mi vida.
En esos poemas hay mucho dolor y Babel,
ese es mi cuerpo y esa es mi sangre.

THE BLUE THREAD WOVEN INTO MY LIFE

Come, love, make yourself comfortable in this sky
that I have made for you,
lay your flesh down leaving the vermillion of anguish
and recline on my hands as meadows.
I came into this world we live
when I dreamed I loved you
and I could only write your name
on the verge of death.
Come, love, rest like a sweet butterfly
without erasing the poems I wrote for other loves,
you have to respect the blue thread woven into my life.
There is great pain and Babel in those poems,
that is my body and that is my blood.

HUBO UN CLARO DE LUNA ENTRE LOS ÁRBOLES

Hubo un claro de luna entre los árboles
porque ellas sabían que me amaban,
y me tumbaban en la grama, en el lodo,
para retozar en el suelo lleno de luceros;
nos enlodábamos con el lodo del cielo,
Sonia y Teresa,
dos hermanas que jugaban a los besos conmigo,
Michelle, Celina, Txaro, Soledad,
Gioconda, Adriana, Simonetta,
con ellas puedo contar todos mis huesos,
los tatuajes de mi alma y de mi cuerpo,
las ilusiones truncas.
Cada uno de estos amores vale más
que los jardines colgantes de Babilonia,
que las pirámides de Egipto,
que el petróleo del mundo;
esos amores son mis obras completas.
Llevo toda mi vida intentando no pensar en ellas,
pero ahora me doy cuenta que son parte de mi alma.

Francisco de Asís Fernández

MOONLIGHT CAME DOWN THROUGH THE TREES

Moonlight came down through the trees
because the women knew they loved me,
tossing me down on the grass, in the mud,
frolicking on the ground covered in stars;
we were covered in starlight mud,
Sonia and Teresa,
two sisters who playfully kissed me,
Michelle, Celina, Txaro, Soledad,
Gioconda, Adriana, Simonetta,
I can feel them in my bones,
my soul and body tattooed,
shattered illusions.
Every one of those love affairs is worth more
than Babylon's hanging gardens,
Egypt's pyramids,
all the oil in the world;
those love affairs are my complete works.
I have lived my entire life trying to forget them,
but I know now that they inhabit my soul.

ME FUI CON RILKE

Me fui con Rilke a los mares benignos del sur,
a un mundo invisible,
a la Antártida a jugar con los osos de hielo
con sus ojos en el brillo lejano de dos estrellas
que dicen la verdad;
me fui con la Reina de los gitanos
a las líneas de mi mano.
Aquí todo es grande y doloroso
pero Rilke le preguntó a los ángeles y a las rosas
si podían reparar la armadura de mi alma,
si podían viajar conmigo al país de las mariposas,
si podían esconderme en su refugio de poemas.

I WENT WITH RILKE TO THE MILD SOUTH SEAS

I went with Rilke to the mild south seas,
to an invisible world,
to the Arctic to play with polar bears
their eyes the distant gleaming of two stars
speaking truth;
I went with the Queen of the gypsies
to read my palm.
Here everything is vast and raw,
but Rilke asked the angels and roses
if they could repair my soul's defenses,
if they could take me to the land of butterflies,
if they could shelter me in poetry.

LAS MUJERES HABLAN CUANDO DUERMEN

Las mujeres hablan cuando duermen,
cuando se vienen caminando de un pedernal a mí
para arrancarme el corazón y comerse mis vísceras,
cuando me arrancan las uñas y destruyen
el paraíso terrenal y se comen las uvas de la ira.
Son las cenizas de Otelo con un puñal
manchando la luciérnaga con mi sangre,
recorriendo desnuda los corredores,
sin arrepentimiento, con pedazos de mí,
con sus ojos ya deshechos adentro de la culpa.

WOMEN SPEAK IN THEIR SLEEP

Women speak in their sleep,
as they approach me with a flint dagger
to carve out my heart and devour my entrails,
as they rip out my nails and destroy
earthly paradise and eat the grapes of wrath.
They are Othello's ashes with a knife
painting the firefly with my blood,
walking naked down corridors,
showing no remorse, carrying pieces of me,
their eyes dissolving in guilt.

HOY SIN OJOS, VEO CON EL ALMA

Se me cayeron los ojos
pero ya no necesito mis ojos para verte.
Yo antes cerraba mis ojos para verte
porque estabas adentro de mí.
Ahora la cuenca de mis ojos son dos hoyos negros
que se han tragado tu imagen,
así como los hoyos negros del cielo
que se tragan planetas y meteoritos
para enviarlos a otro infinito.
Hoy sin ojos veo con el alma
ya no tengo sueños destrozados
ni desperdicio mi vida,
todo lo hace mi alma
preparándome para la muerte.

I SEE WITH MY SOUL

My eyes fell out
but I no longer need my eyes to see you.
I used to close my eyes to see you
because you were inside me.
Now my sockets are two black holes
that have swallowed your image,
just like celestial black holes
that swallow planets and meteorites
to send them to another infinity.
Now without eyes, I see with my soul.
I no longer have broken dreams
nor do I waste my life.
My soul does everything
preparing me to die.

GARZAS BLANCAS Y PALOMAS MENSAJERAS

A ella le toca hacer que baje la palabra
a buscar felicidad en la palma de mi mano.
Y así un día el mundo se llenara de garzas blancas
y palomas mensajeras.
Y ella eres tú, amada tristeza, soledad mía,
que haces poemas en mi mano
para asolearlos en el esplendor de la hierba.
Vienes con mi alma a herir mis manos,
vienes con mis letras a la palma de mi mano.

Francisco de Asís Fernández

Great White Herons and Homing Pigeons

She is the one who makes the word descend
seeking happiness in the palm of my hand
so that one day the world will be filled with
            great white herons
and homing pigeons.
And she is you, beloved sadness, my solitude,
making poems in my hand
placing them in the sun on the glistening grass.
You bring my soul to pierce my hands,
you bring my letters to the palm of my hand.

TODO ESTÁ ESCRITO EN LAS ESTRELLAS

Todo está escrito en las estrellas
las serpientes de tu pelo
las ásperas empuñaduras de los cuchillos
el sabor de las hortensias
el ojo del agua los delfines en las calles vacías.
Las estrellas van descalzas
en las fantasías de la alondra,
la mitad del bosque salvaje
se parece a la mitad de las estrellas.
Yo juré que mi amor era más importante que el mar
y que la virtud del gusano de seda
que viaja en un botecito de remos
de una estrella a otra mientras duermo.

IT IS ALL WRITTEN IN THE STARS

It is all written in the stars
the serpents in your hair
the knife's jagged cut
the essence of hydrangeas
the tidal pool dolphins in empty streets.
The stars are barefoot
in the lark's fantasies,
half of the jungle
reflects half of the stars in the sky.
I swore that my love was greater than the ocean
and the virtue of the silkworm
floating in a little rowboat
from one star to another as I dream.

SOY UN POETA SIN CORBATA

Hay mucha mala mar en el lago de Nicaragua
para un poeta, como yo, sin corbata,
que no hace sombra en las paredes
que tiene dinosaurios en las gavetas
donde guarda las libretas de sus poemas
y las hortensias se comen los pensamientos.
Y, ¿adónde puse la luna esta noche?
Cuando yo era joven
podía cargar rocas musgosas cruzando el mar,
subir los nevados de Amerrisque
y los témpanos que se forman en el magma
            de los volcanes.
Yo subí a la costa de las constelaciones
como un poeta anónimo que quiere vivir
            la vida hasta agotarla.
Necesito que me amen,
que me devuelvan un poquito del amor
que le he dado a la vida.

A POET WITH NO NECKTIE

Lake Nicaragua has rough seas
for a poet, like me, with no necktie,
who does not leave a shadow on walls
who has dinosaurs in his chest of drawers
where he keeps his books of poems
his thoughts consumed by hydrangeas.
And where did I leave the moon tonight?
When I was young
I could carry moss-covered rocks across the ocean,
climb the snow-capped Amerrisque mountains
and icy glaciers formed by volcano magma.
I climbed the coast of constellations
like an anonymous poet who wants to live life
to the fullest.
I need to be loved,
to receive a little love in return
for what I gave life.

UN BARCO EBRIO DE BELLEZA

Me ha costado tanto conocer
al Francisco de Asís que llevo adentro,
ese que ha emborronado la página blanca de mi vida
en subidas y bajadas, vueltas y torceduras.
Hemos viajado en el Grial de la verdad,
un barco ebrio de belleza que se hunde en el alma
en un mar de trinos, algas y versos.
Mi alma me ha dicho cómo la poesía
dibuja las alas de las mariposas,
y el dolor de amores infelices en el mar arisco.
que el amor no le da la espalda al infierno,
que saca la basura a la calle,
lava la ropa sucia y la cuelga en el sol.

A Boat Drunk on Beauty

It has been a struggle to understand
the Francisco de Asís I carry within,
the one who smudged up my life's white page
with ups and downs, comings and goings.
We have traveled in the Grail of truth,
a boat drunk on beauty sinking in your soul
in an ocean of song, algae and verses.
My soul has told me how poetry
sketches the wings of butterflies,
and the pain of sad love in a rough sea,
that love does not turn its back on hell,
that it takes out the trash,
washes dirty laundry and hangs it in the sun.

CANTA, PAJARITO, CANTA

Canta, pajarito, canta,
ponle música a mis tristezas
cántale a la constelación de la lujuria,
quiero que tu canto domine mis emociones
para que el ocaso de mi vida no detenga mi viaje.
La poesía me hace caminar sobre el horizonte,
la pasión nunca va a permitirme que yo sea
un viejo decrépito,
mi intrépido corazón todavía navega amores peligrosos
y sangra, así como tú cantas, pajarito,
que le pones música a mis tristezas.

SING, LITTLE BIRD, SING

Sing, little bird, sing,
make music with my sadness
sing to the constellation of lust,
I want your song to guide my emotions
that the twilight of life does not end my voyage.
Poetry lets me walk on the horizon,
passion will never allow me to be
a decrepit old man,
my intrepid heart still navigates dangerous love affairs
and it bleeds, just as you sing, little bird,
making music with my sadness.

ME DIJO UN RUISEÑOR

Me dijo un ruiseñor en secreto
que él descendía de los dinosaurios,
igual que las águilas y las garzas,
que los dinosaurios fueron unos lagartos que
volaban en el azul con la belleza del olvido.
Ellos eran gigantes y se comían las copas de los árboles.
Las aguas hacían los cauces de los ríos,
la naturaleza indómita era amiga del relámpago.
Los dinosaurios eran unos lagartos temibles
que no se enamoraban ni conocieron la ternura.
Dice el ruiseñor que en esa época
nadie defendía el corazón,
que la poesía flotaba en el aire como un espíritu.
Ahí no existía el miedo ni el amor,
solo una selva verde salvaje indetenible,
el aullido fiero de los animales defendiendo su vida
matando para vivir.
Dice el ruiseñor que los dinosaurios
no se encontraron nunca con los dragones

A NIGHTINGALE TOLD ME

A nightingale secretly told me
that he descended from dinosaurs,
as did herons and eagles,
that dinosaurs were lizards
flying in blue with the beauty of forgetting.
They were giants that feasted on treetops.
Waters carved out riverbeds,
indomitable nature was companion to lightening.
Dinosaurs were fearsome lizards
feeling neither love nor tenderness.
The nightingale says that in those days
no one protected his heart,
that poetry floated through the air like a spirit.
Fear of love did not exist there,
just an unstoppable, wild, green jungle,
the fierce howl of animals defending their life
killing to live.
The nightingale says that dinosaurs
never faced dragons.

ESCONDERME EN LA LUNA DE SANGRE

1

Me gusta amanecer volando
sobre un leopardo hambriento de estrellas
y despertar donde la tierra se hunde en el mar.
Me gusta esconderme en la luna de sangre
oyendo al ruiseñor de Keats.
Pero no se puede escapar de la tristeza
ni del dolor de una rosa.
La tristeza viene con la sangre del sueño
con la mano tensa florecida,
ella viene como un lirio bocabajo,
viene abriendo la rosa de la vida
y cerrando el clavel de la muerte.

HIDDEN IN THE BLOOD MOON

1

I like to fly at dawn
over a leopard hungry for stars
to awaken where earth sinks into sea.
I like to hide in the blood moon
listening to Keats' nightingale.
Yet there is no escaping sadness
or a rose's pain.
Sadness flows from the dream's blood
from the flowering stem,
like a lily upside down,
opening the rose of life
and closing the carnation of death.

11

Soñé que un oso se comía mi corazón,
que el arcoíris se rompía en pedazos sobre mi cuerpo
y con los muñones de mis brazos juntaba
mis huesos al lado de mi alma.
Todo eso ocurría bajo el eterno cielo azul
sobre el canto místico de los pájaros
que usan las alas de los ángeles.
También soñé que quería amarrar el cielo
a la crin de mi caballo
para que corrieran las bestias salvajes.
De la oscuridad nace el espejismo,
el Mombacho cubierto de nieve,
los pájaros picoteando palabras en mi boca,
abriendo la rosa de la vida
y cerrando el clavel de la muerte.

11

I dreamt of a bear devouring my heart
a rainbow shattering over my body
and the stumps of my arms gathering
my bones beside my soul.
All of this unfolding under the endless blue sky
above the mystical song of birds
with angels' wings.
I also dreamt that I wanted to strap the sky
to my horse's mane
for savage beasts to run.
Hallucination born of darkness,
the Mombacho volcano covered in snow,
birds pecking words in my mouth,
opening the rose of life
and closing the carnation of death.

CUANDO MUERE UN MAR

Cuando muere un mar
su alma se va al paraíso de los mares,
lloran los ángeles y los demonios de lo profundo
donde aparece y desaparece el arcoíris.
Es cuando tengo miedos irracionales
es cuando mi alma oye las notas de mi piano
y olvido los acordes,
cuando cada gota de mar sabe a luna
Y no queda ni un pedazo de desierto.

WHEN AN OCEN DIES

When an ocean dies
its soul ascends to ocean heaven,
angels and demons weep from below
where the rainbow comes and goes.
This is when I suffer irrational fear
when my soul hears the notes on my piano
and I forget the chords,
when each drop of ocean tastes like moon
and not a trace of desert remains.

¿QUÉ HACE LA LUNA SIN TU BELLEZA?

¿Qué hace la luna sin tu belleza?
¿Sabe que mordías la flor de la cereza?
Tú perteneces al reino de los mirlos
defendido por un bosque de cipreses
que te llevan de la mano.
Solo tú, amada Reina de las Hadas,
estás en el azul lista para volar
para asediar a una estrella,
pero que no se demoren tus labios
al probar la dulzura de su luz en la noche,
muérdela, así como a las cerezas y los melocotones,
muérdela como a mi alma inquieta y desequilibrada,
pégale el diente a la luna también
para que sepa, cómo yo,
cómo es tu pasión de mujer enamorada.

WHAT IS THE MOON TO DO WITHOUT YOUR BEAUTY?

What is the moon to do without your beauty?
Does it know that you bit off the cherry flower?
You belong to the kingdom of blackbirds
sheltered by a forest of cypress trees
that hold you by the hand.
Only you, Fairy Queen,
inhabit blue ready to fly
to capture a star,
but may your lips not tarry
in tasting its night sweetness,
bite it, just as you would cherries and peaches,
bite it just as you would my troubled, disturbed soul,
and sink your teeth into the moon
to know, as I do,
the essence of your passion as a woman in love.

QUE MAÑANA ME DESPIERTE LA ALONDRA

A José León Talavera

Que mañana me despierte la alondra
para que Dios me guarde en la palma de su mano.
No codicio riquezas,
me basta una túnica para morir;
no le temo a las sombras,
ya cayeron gotas de agua de los cielos sobre mis ojos.
Cuando Dios siegue mi vida sacudida por el viento,
surgida del mar,
de nada me servirán el oro rojo, la blanca plata,
el mármol bruñido y el alabastro.
Al alba me encontró la alondra
con mis bolsillos llenos de versos.

MAY THE LARK AWAKEN ME TOMORROW

To José León Talavera

May the lark awaken me tomorrow
for God to hold me in the palm of his hand.
I do not covet wealth,
needing nothing more than a tunic for death;
I do not fear shadows,
drops of water from heaven have already filled my eyes.
When God harvests my life swayed by the wind,
moved by the sea,
I will have no use for red gold, silver,
polished marble and alabaster.
The lark found me at dawn
with my pockets full of verses.

¿ADÓNDE IRÉ DESPUÉS DE LA MUERTE?

¿Adónde iré cuando muera?
¿Tengo la sensibilidad de un rinoceronte,
del ruiseñor de Keats, o del poder del delirio
despertando en el paraíso?
No tengo una memoria completa de mi vida.
Nací como una piedra que cae al agua
y fui creando círculos a mi derredor,
mi respiración en los círculos del paraíso,
el infierno, el purgatorio.
Bajo el sol dibujando las quimeras
el alma alza el vuelo siendo una torcaz
inadvertida.
¿Por qué el intenso dulce de la muerte
me separa del paraíso?

Francisco de Asís Fernández

WHERE WILL I GO WHEN I DIE?

Where will I go when I die?
Do I have the sentience of a rhinoceros,
of Keats' nightingale, or the power of delirium
awaking in paradise?
I cannot recall my entire life.
My birth was like a stone falling into water
and I made circles around me,
my breath in the circles of paradise,
hell, purgatory.
Drawing chimeras in the sun
the soul takes flight as a pigeon
unseen.
Why does death's intense sweetness
keep me from paradise?

MI CORAZÓN ES UN PERRO QUE AMA A LA LUNA

Se fue mayo, se fue mi vida
con las luciérnagas y las mariposas
a un dibujo infinito
en un campo de orquídeas y violetas.
Pero en mi amor entran varios soles,
tronos, hechizos ebrios de luz.
Mi corazón es un perro que ama a la luna
y posa sus ojos llorosos en flores tiernas.
Mi amor se nutre comiéndose a la luna,
a sus collares y anillos blancos.
A mi amor lo hieren las estrellas
cuando le pone latidos a mi cuerpo
y se duerme con angustias en medio del mar.

MY HEART IS A DOG THAT LOVES THE MOON

May came and went, just as my life
with fireflies and butterflies
to an infinite sketch
in a field of orchids and violets.
Yet my love has various suns,
thrones, magic spells drunk on light.
My heart is a dog that loves the moon
and rests its teary eyes on tender flowers.
My love is nourished consuming the moon,
its white rings and necklaces.
Stars wound my love
when it stirs the beat of my body
and falls to sleep heartbroken out to sea.

DÉJAME MORIR

Si malinterpreto tus sueños
y no soy el ángel que respiras,
que huele a yerbabuena;
si no soy el que te nombra Axa, Fátima y Marién,
si ya no soy lo que fui en la línea de tu mano,
déjame morir, meterme en tus sueños como una guitarra,
entrar en tu corazón como un aliento.

LET ME DIE

If I misinterpret your dreams
and I am not the angel you breathe,
with the scent of mint;
if I am not the one who calls you Axa, Fátima
          and Marién,
if I am no longer what I once was in the line
          on your hand,
let me die, infiltrating your dreams like a guitar,
entering your heart like oxygen.

Preparándome para morir

Adentro llevamos la muerte,
la vamos criando, haciéndola igual a nosotros,
poniéndole nuestra cara, los merecimientos,
tallando el alma para la escena final.
Nadie se muere con una muerte ajena,
yo vengo cargando con la mía llena de poemas,
de preguntas, con el agua destrozada.
La muerte no necesita buscarte
porque nació con tu alma,
viene con los pájaros azotando tus ojos con sus alas,
duerme a tu lado, ama tus amores,
mata si matas.
Mi muerte huele a las mujeres que he amado ,
tiene la belleza de mi madre,
los poemas y canciones de mi padre.
Me gustaría saber quién cuidará mi sueño
en la hora de mi muerte.

PREPARING TO DIE

We carry death within,
caring for it, molding it to fit us,
putting our face on it, our worth,
sculpting our soul for the final scene.
No one dies another's death,
I have been carrying mine full of poems,
questions, broken.
Death does not have to find you
because it was born as part of your soul,
it comes with birds whipping your eyes with their wings,
it sleeps beside you, loving your lovers,
killing if you kill.
My death carries the scent of the women I have loved,
it has my mother's beauty,
my father's poems and songs.
I would like to know who will care for my dream
when it is time for me to die.

¿QUÉ VEO EN MIS VISIONES?

Con muchas palpitaciones entro a la oscuridad,
es como entrar al valle de las ánimas,
aquí se limpian las almas
jugando en el sueño del unicornio.
¿Qué veo en mis visiones?
Hay un nido de mujeres en la tierra húmeda,
hay una luna de sangre
que cose la noche con el amanecer.
Hay que amar la oscuridad, tocar a tientas,
hay que dejar encendidas solo las luces del cielo
y dar ternura.

WHAT DO I SEE IN MY VISIONS?

My heart quivering, I enter darkness,
as if entering the valley of the spirits,
souls are purified here
frolicking in the unicorn's dream.
What do I see in my visions?
A nest of women in dewy earth
a blood moon
stitching night to dawn.
Darkness demands love, feeling, not seeing,
nothing for light but stars in the sky,
and the offer of tenderness.

CRUCEMOS EL MAR

Crucemos el mar volando con los pájaros
como los antiguos marineros
como el día de ayer que no volverá a repetirse.
Que no haya miedo que no haya angustia,
el principio del mundo es la promesa
de una espuma inmaculada.
No tienes nada que temer,
el alma es más honda que el mar,
deja la puerta abierta al viento
para que en tus sueños vuelen los dragones,
para que la belleza de la rosa sea eterna.

Francisco de Asís Fernández

LET'S CROSS THE SEA

Let's cross the sea on the wings of birds
as ancient mariners
as yesterday never to be repeated.
Let there be no fear or sorrow,
the beginning of the world is the promise
of immaculate foam.
You have nothing to fear,
the soul is deeper than the sea,
it leaves the door open to the wind
to fill your dreams with flying dragons
to give the rose eternal beauty.

EL MAR ATRAVIESA LOS BOSQUES DE CORALES

El mar atraviesa los bosques de corales,
sus cuevas volcánicas,
los peces que bajaron con el diluvio,
los vientos ardientes de las sirenas,
y las aguas deshabitadas de su arcoíris
(yo me encontré una olla al final del arcoíris).
Desde adentro del mar se ven las estrellas del cielo.
El mar atraviesa los bosques de corales,
sembrados en las avenidas de la Atlántida,
donde vive Príamo con sus 50 hijos
como 50 leones de rebelde melena;
viven Circé, Dido, Tiresias, Penélope,
y se oye el canto de las sirenas.
Hay barcos que pasan por estas avenidas
llevando cofres con monedas de oro, gemas,
zarpas de león, collares de sardo y cornalina,
mascarones de proa con un misterioso aire espiritual,
cañones y cartas de navegación;
también llevan magma enamorado.

THE SEA FLOWS THROUGH CORAL REEFS

The sea flows through coral reefs,
their volcanic caves,
fish hailing from the flood,
the sirens' sultry song,
and their rainbow's uninhabited waters
(I found a pot at the end of the rainbow).
Behold the stars in the sky from under the sea.
The sea flows through coral reefs,
growing along the avenues of Atlantis,
where Priam lives with his 50 children
like 50 lions with rebellious manes;
Circe, Dido, Tiresias, Penelope dwell there,
and you can hear the sirens' calling.
There are boats along these avenues
carrying chests full of gold coins, gems,
lions' claws, sard and carnelian necklaces,
figureheads with a mysterious spiritual aura,
cannons and navigation charts;
and they also carry enchanted magma.

ME MONTÉ CON MI ALMA EN UNA GUITARRA

Me monté con mi alma en una guitarra
para conocer el mundo,
la batalla del agua contra la roca
los vientos blancos, el miedo.
Yo cantaba y me contestaba la lluvia
con la sangre de oro salvaje
diciendo que me amaba.
Pero en todos lados veía que la gente
tiraba el amor a los perros
y rompía las cuerdas de mi guitarra.
También vi el lugar donde se juntan los dos mares
y olas enormes haciendo paredes de agua;
conocí caras arrugadas por el llanto,
la mentira, la traición.
Pero también conocí la poesía
y ahora solo ella está en mis pensamientos
y en mis sueños.

Francisco de Asís Fernández

With My Soul Astride a Guitar

With my soul astride a guitar
I encounter the world,
the battle of water against rock
white winds, fear.
Rain answered my song
in the blood of wild gold
saying it loved me.
But there were people all around
throwing love to the dogs
and breaking the strings on my guitar.
I also saw the place where the two oceans merge
gigantic waves making walls of water;
I saw faces weathered by weeping,
lies, betrayal.
But I also found poetry
all that now remains in my thoughts
and in my dreams.

LOS ÁNGELES COMEN FRUTAS CON LOS PÁJAROS

A Sergio Ramírez

¿Quién en el cielo se encarga diario de crear el día
      y la noche?
¿Qué ángel inventó las raíces de la tierra?
¿Cuál sostiene el cielo sobre sus hombros?
Son los relámpagos un roce entre dos ángeles?
¿Por qué los hombres estamos encerrados
      en la oscuridad?
Debajo de mis párpados tengo a mi amada
que responde todas mis preguntas.
Pero, ¿quién le da respuesta a mis desengaños?
Nadie cierra las puertas del infierno.
Los ángeles comen dulces de jengibre
y comen frutas con los pájaros.
¿Los ángeles le dicen a los hombres cómo crear
nuevos mundos con lirios y ríos sinuosos?
¿Por qué se equivoca tanto el hombre?
¿Por qué no oímos a los ángeles
y contemplamos su belleza?

ANGELS AND BIRDS FEAST ON FRUIT

To Sergio Ramírez

Who in heaven is responsible for creating night and day?
What angel invented the roots of the earth?
Which one carries heaven on his shoulders?
Is lightening the clashing of two angels?
Why is mankind shrouded in darkness?
When I close my eyes, I see my beloved
answering all my questions.
But who can answer my disillusion?
No one closes the gates of hell.
Angels eat ginger candy
and join birds to feast on fruit.
Do angels tell mankind how to create
new worlds with lilies and winding rivers?
Why does mankind err so often?
Why don't we hear the angels
and contemplate their beauty?

LA MAGIA CONOCE EL SUEÑO

Los centinelas conocen el sueño,
protegen a las sirenas que bailan en la arena
y cantan en las tempestades.
Los centinelas se visten con seda verde,
satín rojo y gorros altos azules;
se dejan ver en la umbría, en la zona de sombras
y se esconden en los árboles, hierbas,
matojos, bajíos y riberas.
La magia también conoce el sueño,
arde y vela con la muerte sin fin,
protege a la luna en su fragua,
desconoce los juramentos sagrados.
Pero el amor es el que más conoce los sueños,
abre las alas de un ángel que juega
con peces dorados, un cofre con gemas,
vetas de oro, trinos recamados con ríos de sangre.
Tú eres mi centinela, mi magia,
tú eres el amor,
abre tu corazón para que aspire tu fragancia.

MAGIC KNOWS THE DREAM

Sentinels know the dream,
protecting sirens who dance in the sand
and sing to tempests.
Sentinels dress in green silk,
red satin and tall blue hats;
you can see their silhouettes, in the shadows,
hidden in trees, tall grasses,
weeds, shorelines, riverbanks.
Magic also knows the dream,
burning and guarding endless death,
protecting the moon in its forge,
ignoring sacred oaths.
Yet love knows dreams the best of all,
opening the wings of an angel playing
with golden fish, a treasure chest,
veins of gold, trilling woven with rivers of blood.
You are my sentinel, my magic,
you are love,
open your heart that I may breathe your fragrance.

NIJINSKI

Por la ventana entró el espectro de la rosa
para besarle los ojos
y dejarlo profundamente despierto.
Le dijo: "soy el espectro de la rosa
que ayer llevabas en el baile".
Y bailó con la dorada Pavlova
como un lucero fugaz en el intenso azul.
Fue una rosa después del aire,
detenida antes del aire.
Él fue el espectro de la Rosa
en una lámpara maravillosa en el aire del mar,
en la dinastía de los sueños.
Nijinski fue el sueño del asombro,
el éxtasis sobre el aire.

NIJINSKI

The specter of the rose came through the window
to kiss his eyes
and leave him profoundly roused
It spoke to him: "I am the specter of the rose
you held yesterday at the dance."
And it danced with the golden Pavlova
like a bright star against intense blue.
It was a rose after air,
suspended before air.
He was the specter of the Rose
in a magic lamp in sea air,
in the realm of dreams.
Nijinski was the dream of wonderment
extasy upon air.

EL MUNDO ES UN BESTIA

I

El mundo es una bestia que se come a sus hijos,
un buitre de Guernica.
El mundo sube por los acantilados,
vive en la bruma embarrada de azafrán
duerme sobre el sol con las paredes abiertas,
con peces de ébano, perlas y aves libres del cielo.
El mundo tiene una corona tachonada
de gemas falsas, de dolor sobre dolor,
tiene cuervos graznando
sobre el ardido corazón de la pobreza.

THE WORLD IS A BEAST

I

The world is a beast that devours its children,
a Guernica vulture.
The world rises from sewers,
living in thick, saffron-colored fog,
sleeping with windows wide open,
with ebony fish, pearls, and birds free in the sky.
The world wears a crown adorned
with fake gemstones, pain on pain,
crows cawing
above the seething heart of poverty.

II

El mundo es brutal,
se arrodilla ante un zorrillo,
en El Jardín de las Delicias.
El mundo es una bella entre las flores del mal.
Sus labios crueles desobedecen su corazón.
No es fiel a sus ojos,
es el hijo del fiero Caín, del dulce Abel.
Respira el perfume del dolor.
El mundo toca el cielo con el muñón de su alma.
El hombre es el dueño del mundo;
recibió un paraíso pero sembró tempestades,
no tiene misericordia con su libertad.
Taló los árboles, derritió los témpanos
mató los animales y soltó el amor
para que se fuera a las estrellas.

II

The world is brutal,
bowing to a skunk
in The Garden of Earthly Delights.
The world is a beauty among the flowers of evil.
Its cruel lips scorn its heart.
It is not faithful to its eyes,
descending from fierce Cain and sweet Abel.
It breathes the fragrance of pain.
The world touches the sky with the stump of its soul.
Mankind is master to the world;
recipient of paradise but sower of storms,
showing no mercy with its freedom.
It felled forests, melted the poles,
killed animals and let go of love
sending it off to the stars.

III

El mundo es un crimen,
florece con las lilas y los animales salvajes,
lee los labios, la voz y el canto del olvido.
El mundo derriba,
tiene el corazón roto, aturdido, ciego,
se ve en un espejo de acero bruñido.
El mundo es la derrota,
el enemigo íntimo de un sagaz y tierno corazón,
del mercado de aves y perfumes,
de una airada langosta del desierto huyendo
del silencio de las sirenas,
de los sentidos desbordados en el rojo de los labios.
El mundo es un crimen,
una jungla de rosas en el alma de un poeta.

III

The world is a crime,
growing among lilies and wild animals,
reading the lips, voice, and song of oblivion.
The world crumbles,
heartbroken, confused, visionless,
seeing its reflection in a burnished steel mirror.
The world is defeat,
mortal enemy of a wise and tender heart,
of a market with birds and perfumes,
of a disturbed desert locust leaping,
of the sirens' silence,
of overpowering feelings on scarlet lips.
The world is a crime,
a jungle of roses in a poet's soul.

VEN, MUERTE, AMADA MÍA

Ven, muerte, amada temida,
llévame de este mundo miserable,
quítame los años que pesan como la roca eterna de Sísifo,
devuélveme la flor de las nieves,
quita mi corazón de mi puño cerrado.
Soy un suplicante alimentado por la poesía,
hierbas y matojos, aromas y auroras.
Acomódame en un tren
que pase por todos mis arrepentimientos,
la lujuria, el demonio, el mundo y la carne,
por la santidad de la poesía,
la mística del amor.
Yo conocí la repugnancia del poder,
lo viví con estupor
y detesté la carroña del tirano.
Ven, muerte, amada temida,
dame una muestra de tu amor,
ya no tengo necesidad de la vida.
¿Por qué amé a tantas mujeres?
Conocí el amor, me vi en sus ojos;
también amé la soledad de la lluvia
y el canto de los pájaros.
Siempre quise hacerme una casa con la lluvia
para llenarla de pájaros mojados
recitando los versos que hizo Rilke
en el Castillo de Duino encima del Ródano.

COME DEATH, MY LOVE

Come death, dreaded love,
take me from this wretched world,
lift off the years heavy as Sisyphus's eternal rock,
give me back my edelweiss,
remove my heart from my fist.
I am a beggar nourished by poetry,
herbs and wildflowers, aromas and auroras.
Put me on a train
to pass by all my regrets,
lust, evil, the world and flesh,
sacred poetry,
mystic love.
I witnessed the repugnance of power,
I lived it in horror
and I detested the tyrant's decay.
Come death, dreaded love,
let me glimpse your affection,
I no longer need to live.
Why did I love so many women?
I knew love, I saw myself in its eyes;
I also loved the solitude of rain
and birdsong.
I always sought to build a house of rain
to fill it with wet birds
reciting verses written by Rilke
in the Duino Castle above the Rhône River.

BELLA DE NOCHE

Ni el viento del norte ni el viento del sur
mueven las crines azules y amarillas
de la muchacha.
Ella pasa como una sombra,
sus labios púrpuras y morados,
con una mancha de sudor debajo de sus brazos.
Mordisqueada en el cuello.
Ella es una yegua corriendo por la duna
en el horror brutal y doloroso de la noche.
Ella duerme en la herida de su vida.
Ella no puede asir el amor,
una muñeca del azar derramándose.

BEAUTY AT NIGHT

Neither the north wind nor the south wind
move the girl's
blue and yellow mane.
She passes like a shadow,
purple and plum lips
patches of sweat under her arms.
Bitten on her neck.
She is a mare galloping over the dune
in night's painful, brutal horror.
She sleeps in the wound that is her life.
She is unable to cling to love,
a nameless doll melting away.

TRATO DE APRENDER A VIVIR

Trato de aprender a vivir,
me desoriento me confundo,
todo busco y lo encuentro dentro de mis ojos,
el aire fresco de las montañas,
un macizo de rosas y jazmines, codornices.
La existencia de mi padre siempre
me ha ayudado a hacer este viaje.
Él alisaba el plumaje de los pájaros,
y se dormía con la armonía de su canto.
Él me enseñó que mi patria es la poesía,
el cielo del silabario,
las bolsas llenas de pobreza.
Estoy aprendiendo a amar la vida,
a ver que mi dolor es una canción de cuna
en este mundo lleno de lágrimas.

Francisco de Asís Fernández

I AM TRYING TO LEARN HOW TO LIVE

I am trying to learn how to live,
disoriented and confused,
I seek everything and find it when I look within,
fresh mountain air,
a flower garden with roses and jasmine, quail.
My father's life always
helped me make this journey.
He preened the plumage of birds,
and their harmony sang him to sleep.
He taught me that poetry is my homeland,
syllabary of heaven,
pockets filled with poverty.
I am learning to love life,
to see my pain as a lullaby
in this world full of tears.

MIS LÁGRIMAS SALADAS

Mis lágrimas saladas apagan la llama
pero nadie oye al hombre solo
que zurce sus heridas con aguja de zapatero,
y vive con el hambre del mar.
Hay un aire de silencio místico
que llega hasta mi ventana.
Estoy rodeado de araucarias, cipreses, palmeras,
y un cielo que puedo tocar con las manos.
¿Quién detiene a este cielo para que no entre a mi cuarto,
para que no me caiga encima?
Mis lágrimas saladas han mojado todos mis papeles,
mis poemas, mis cartas.
Pero yo escondo mis debilidades,
no me gusta que las amistades sepan
que un inválido como yo
encontró la felicidad en la poesía,
en la soledad, en la música y en la fidelidad
a un amor que ya no me quiere.

MY SALTY TEARS

My salty tears extinguish the flame
but no one hears the lone man
mending his wounds with a cobbler's needle,
living hungry for the sea.
An air of mystic silence
reaches my window.
I am surrounded by araucaria, cypress, and palm trees,
and a sky that I can touch with my hands.
Who keeps this sky from entering my room,
from falling on top of me?
My salty tears have soaked all my papers,
my poems, my letters.
Yet I disguise my weakness,
not wanting my friends to know
that a disabled man as I
found happiness in poetry,
in solitude, in music and in fidelity
to a passion that no longer loves me.

QUE ME OIGAN LOS ÁNGELES

A Héctor Tajonar

Poema coral

I

Canto hasta que me oigan en la boca del cielo,
los ángeles y el Cordero de Dios que quita los pecados
　　　del mundo;
el aura de los santos brilla más cuando oyen los cantos
　　　de los trovadores,
el tumulto de mar y cielo de los trovadores.
Canto para que mi fortuna me lleve como un trovador.
Oh dolor, ¿nadie me oye en el cielo?
No hay arrepentimiento ni maldad en la virtud.
Hay que llorar por el Usumacinta,
por el Siquia, el Mico y el Rama, por la sangre seca.
Los ríos se secan y no bastan para la sed.
El poder seca los ríos y el canto de los trovadores.
Todo está escrito. El poder en la tierra es de barro,
es un lirio marchito.
El trovador tiene espinas en su pelo
y clavos en sus manos
peros sus cantos viven igual que el mar.
Los ángeles no caen de lo alto de su trono
porque escuchan al trovador herido,
porque conocen el amor de los trovadores enamorados.

MAY THE ANGELS HEAR ME

To Héctor Tajonar

Coral Poem

I

I sing until my voice reaches the mouth of heaven,
angels and the Lamb of God who washes away the sins
      of the world;
saints' auras shine brighter when they hear troubadours'
      songs,
the troubadours' tumultuous sea and sky.
I sing for my fate to carry me like a troubadour.
Oh agony, can no one hear me in heaven?
There is no regret or evil in virtue.
We must weep for the Usumacinta River,
for the Siquia, Mico and Rama Rivers, for dried blood.
Rivers run dry unable to quench thirst.
Power dries up rivers and the troubadours' song.
It is all written. Earth's power is made of mud,
it is a wilted lily.
The troubadour has thorns in his hair
and nails in his hands
but his songs are as alive as the sea.
Angels do not fall from their throne on high
for listening to the wounded troubadour,
because they know the passion of troubadours in love.

LA VIDA DESNUDA DE VIRTUDES

Poema Coral

II

Una renovada maldad se me aparece,
la vida desnuda de virtudes.
Nadie me ama, la soledad calienta mi cama.
La crueldad avanza con el leopardo
para devorar más mi alma que mi cuerpo.
Oh sol, ten paciencia con la vida perpetua,
las flores nacen y mueren cada día
y su perfume estuvo en el cuerpo de Hécuba.
Me subí a un navío para conocer el viaje
pero todo se ocultó en la redondez de mis ojos.
Indícame amor adonde debo buscarte.
¿Estás escondida en la noche oscura
o en la concha de un caracol?
Siento tu belleza cerca de mi pecho
para aplacar a los dioses entre el amor y el pudor.
Abre la puerta del amor lascivo
y déjalo caer en medio de mi corazón,
abre la puerta del cielo
y cierra el infierno para siempre.

LIFE STRIPPED OF VIRTUE

Coral Poem

II

A familiar evil appears before me,
life stripped of virtue.
No one loves me, solitude warms my bed.
Cruelty approaches with the leopard
to devour my soul more than my body.
Oh sun, be patient with perpetual life,
flowers bloom and die every day
and they perfumed Hecuba's body.
I boarded a vessel to follow the course
but it was all hidden in the roundness of my eyes.
Tell me, love, where to find you.
Are you hidden in the dark night
or in a conch shell?
I feel your beauty near my chest
to placate the gods between passion and prudence.
Open the door to lascivious love,
and drop it in the center of my heart,
open the gate to heaven
and close hell for eternity.

SOLO LA BELLEZA ES ETERNA

Poema Coral

III

El hombre vive en un mundo de instintos salvajes,
las manchas, las rayas de los animales,
las cornamentas de los ciervos,
las cuatro patas en el aire volviéndose asesinas,
el impulso frenético vital de huir, salvar la vida,
Abraham detenido por un ángel al momento
de sacrificar a su hijo Isaac.
Ay dolor. Inhala, exhala.
Somos parte de la imperfección del mundo
pero te guardo en mi alma.
No te marchites.
Haz que viva la perfección del lirio inmaculado.
La memoria, la vida, desaparecen en el aire.
Solo la belleza es eterna. El instinto.

ONLY BEAUTY IS ETERNAL

Coral Poem

III

Mankind lives in a world of wild instinct,
spots and stripes of animals,
deer antlers,
all four legs in the air turning deadly,
the frenetic impulse to flee, to survive,
Abraham stopped by an angel just before
sacrificing his son Isaac.
Oh agony. Inhale, exhale.
Though we are part of the world's imperfection
I hold you in my soul.
Do not wither.
May the immaculate lily's perfection live.
Memory, life, vanish into thin air.
Only beauty is eternal. Instinct.

ACERCA DEL AUTOR

Francisco de Asís Fernñandez nació en Granada, Nicaragua, 1945. Poeta, narrador, ensayista y promotor cultural. Es Presidente del Festival Internacional de Poesía de Granada, Miembro de Número de la Academia Nicaragüense de la Lengua, Medalla de Honor en Oro de la Asamblea Nacional de Nicaragua, Cruz de la Orden al Mérito Civil otorgada por el Rey Juan Carlos I de España, Doctorado Honoris Causa en Humanidades otorgado por la Universidad American College, Homenaje Múltiple al poeta Francisco de Asís Fernández editado por la Academia Nicaragüense de la Lengua, Hijo Dilecto de la Ciudad de Granada, Nicaragua.

ABOUT THE AUTHOR

Francisco de Asís Fernández was born in Granada, Nicaragua, 1945. Poet, narrator, essayist, and cultural promoter. He is President of the International Poetry Festival of Granada, official member of the Nicaraguan Academy of Language, recipient of the Gold Medal of Honor from the Nicaraguan National Assembly, recipient of the Cross for the Order of Civil Merit conferred by King Juan Carlos I of Spain, and Doctor Honoris Causa in Humanities conferred by the American College, and Favorite Son of the city of Granada, Nicaragua. In addition to the book homage of essays and poems by multiple international authors compiled by the Nicaraguan Academy of Language to pay tribute to the author's poetry.

ACERCA DE LA TRADUCTORA

Stacey Alba Skar-Hawkins es profesora y catedrática de castellano y literatura hispánica en Western Connecticut State University. Sus publicaciones dedicadas a las letras latinoamericanas incluyen artículos sobre la memoria y los derechos humanos, el cine y la literatura de mujeres. Su monografía sobre la literatura de escritoras latinas en los Estados Unidos, *Voces híbridas: La literatura de chicanas y latinas en Estados Unidos*, se publicó en Chile en el 2001 (RIL Editores). Como traductora de memorias latinoamericanas, sus publicaciones incluyen tres libros editados en la University of Wisconsin Press and Duke University Press. Se ha dedicado en años recientes a la traducción al inglés de autores nicaragüenses: Sergio Ramírez, María Augusta Montealegre, Francisco de Asís Fernández y Gioconda Belli.

About the Translator

Stacey Alba Skar-Hawkins is a professor of Spanish and Hispanic literature at Western Connecticut State University. Her publications on Latin American literature include articles on memory and human rights, film, and women's writing. Her monograph on Latinx women writers in the United States was published in Chile in 2001: *Voces híbridas: La literatura de mujeres chicanas y latinas en los Estados Unidos* (RIL Editores). As a translator of Latin American *testimonio* and memoir, her publications include three books edited by the University of Wisconsin Press and Duke University Press. In recent years she has worked on translations of Nicaraguan authors from Spanish to English: Sergio Ramírez, María Augusta Montealegre, Francisco de Asís Fernández y Gioconda Belli.

ÍNDICE / CONTENTS

La tempestad
The tempest

Colección
VIVO FUEGO
Poesía esencial
(Homenaje a Concha Urquiza)

1
Ecuatorial / Equatorial
Vicente Huidobro

Colección
CUARTEL
Premios de poesía
(Homenaje a Clemencia Tariffa)

1
El hueso de los días.
Camilo Restrepo Monsalve
-
V Premio Nacional de Poesía
Tomás Vargas Osorio

Colección
PIEDRA DE LA LOCURA
Antologías personales
(Homenaje a Alejandra Pizarnik)

Colección
CRUZANDO EL AGUA
Poesía traducida al español
(Homenaje a Sylvia Plath)

Colección
MUSEO SALVAJE
Poesía latinoamericana
(Homenaje a Olga Orozco)

Colección
SOBREVIVO
Poesía social
(Homenaje a Claribel Alegría)

Colección
LABIOS EN LLAMAS
Poesía emergente
(Homenaje a Lydia Dávila)

1
Fiesta equivocada
Lucía Carvalho

2
Entropías
Byron Ramírez Agüero

3
Reposo entre agujas
Daniel Araya Tortós

Colección
MUNDO DEL REVÉS
Poesía infantil
(Homenaje a María Elena Walsh)

1
Amor completo como un esqueleto
Minor Arias Uva

2
Del libro de cuentos inventados por mamá
La joven ombú
Marisa Russo

Colección
VEINTE SURCOS
Antologías colectivas
(Homenaje a Julia de Burgos)

1

Antología 2020 / Anthology 2020
Ocho poetas hispanounidenses / Eight Hispanic American Poets
Luis Alberto Ambroggio

Para los que piensan, como
Nicanor Parra, que «todo lo que se
mueve es poesía», este libro se
terminó de imprimir en el mes de
febrero de 2021 en los Estados
Unidos de América.

www.ingramcontent.com/pod-product-compliance
Lightning Source LLC
Chambersburg PA
CBHW021357090426
42742CB00009B/889